훈 련 총 서

침례교
직분자

지도자용

A SERIES OF
TRAINING
BOOK

침례교회는 무엇을 믿는가?

침례교 직분자 **훈 련 총 서** 지도자용

침례교회는 무엇을 믿는가?

제1판 1쇄 발행 2017년 12월 7일
제1판 3쇄 발행 2026년 1월 16일

편저자 이동원
펴낸이 김용성
펴낸데 요단출판사
07238 서울특별시 영등포구 국회대로 76길 10

기 획 (02)2643-7390
영 업 (02)2643-7290 Fax (02)2643-1877
등 록 1973. 8. 23. 제13-10호

ISBN 978-89-350-1672-3 03230
값 13,000원

훈 련 총 서

침례교
직분자

침례교회는 무엇을 믿는가?

A SERIES OF TRAINING BOOK

이동원 편저

지도자용

요단

발간사

침례교 직분자 훈련총서 「지도자용」을 발간하며

침례교회는 전통적으로 성경의 절대적인 권위를 인정하며 선교와 교육에 역점을 두고 부흥 발전해 왔습니다. 펜윅이 침례교 선교사로 1889년 12월 8일 한국에 들어 온 것을 기점으로 한국의 침례교회는 뿌리를 내렸으며 오늘에 이르렀습니다. 또한 자랑스런 침례교회는 기독교 단일 교단으로서는 유일하게 한국에서 일제의 신사참배를 거절하였고 하나님의 말씀을 수호했습니다.

요단출판사는 이러한 침례교의 전통에 입각해 연구, 개발, 출판, 보급을 담당하며 문서선교의 사명을 감당해 왔습니다. 1973년 8월 새신자 훈련총서를 발행하였고 44년이라는 세월을 지내며 교단과 교파를 초월하여 새신자 양육에 있어서 가장 우수한 교재로 사랑을 받아왔습니다. 이제 새신자 훈련총서에 이어 침례교 직분자 훈련총서와 더불어 「지도자용」을 발간합니다. **직분자 훈련총서 지도자용 교재는 이동원 목사님의 강의를 총정리하고 세심하게 편집하여 훈련생용 교재를 생생하고 효과적으로 지도할 수 있도록 구성하였습니다.** 이를 통해 교회현장의 요구를 충족하고 성도들의 신앙 성장과 교회부흥을 촉진하는데 도움이 되기를 소망합니다.

침례교 직분자 훈련총서 발간을 준비하며 기간 중 하나님께서 베푸신 풍성한 은혜와 사랑에 감사합니다. 그리고 이동원 목사님께 감사합니다. 세심하게 집필해 주셔서 본 교재가 세상에 나올 수 있었고 더욱 빛을 발할 수 있었습니다.

지금 한국 교회는 "성장이냐? 쇠퇴냐?"의 중요한 갈림길에 직면하고 있습니다. 1517년 루터의 종교개혁 500주년을 맞이하며 우리는 다시 성경으로 돌아가야 합니다. 침례교의 전통과 정신을 회복해야 합니다. 바로 침례교 직분자 훈련총서를 통해서 이러한 기념비를 다시 세우기를 원합니다. 본 교재를 통해 침례교 정체성이 회복되고 한국 교회가 다시 독수리처럼 날아오르기를 간절히 바랍니다.

"너희는 내게 배우고 받고 듣고 본 바를 행하라 그리하면 평강의 하나님이 너희와 함께 계시리라"(빌 4:9)

요단출판사 대표 **김용성** 목사

서문

침례교 직분자 훈련총서[1]
(침례교회는 무엇을 믿는가?)

이 교재를 여는 분들에게

한국 개신교는 장로교와 감리교 선교사들의 내한과 함께 시작되었고 따라서 한국 기독교의 대표적 문화는 두 교단의 영향을 피할 수 없었습니다. 그래서 침례교회의 문을 두드리는 교우들에게 침례교회와 교리를 소개하는 일이 쉽지 않았습니다. 개신교회 모두가 공유하는 공통적 특성을 침례교도 갖고 있지만 역사적으로 형성해 온 침례교회만의 색깔과 특성을 어떻게 침례교회의 새로운 지체들에게 소개할 수 있느냐는 것은 중요한 목회 과제였습니다. 미국 최대의 개신교단이며 세계속의 침례교가 가진 자랑스러운 유산을 한국의 침례교인들에게도 나누기 위한 소명으로 이 책은 만들어졌습니다.

무엇보다 이 책은 침례교회가 강조해온 교리적 특성들을 중심으로 엮은 것입니다. 이 책의 메시지를 함께 나누는 중에 침례교회의 복음적이고 성경적 유산에 대한 자긍심을 갖고 더 활기찬 믿음의 삶을 누리게 되기를 기도해마지 않습니다. 우리는 일차적으로 그리스도인이지만 동시에 피할 수

---

1) 지구촌교회의 새공동체반 교재를 각색하여 침례교 직분자 훈련총서라 명함.

없는 교파의 선택에 있어 자랑스러운 침례교인이 되는 것을 보고 싶습니다. 그런 의미에서 이 책이 우리의 정체성의 뿌리를 확인하는 기쁨의 탐구가 될 것입니다. 이 책을 손에서 놓을 때 우리는 세계적 침례교인들의 믿음의 여정에서 활보하는 뿌리를 지닌 그리스도인으로 더욱 견고한 영적 행보를 약속 받게 될 것입니다.

이 땅에 최초로 침례교회의 복음을 가져온 펜윅 선교사는 찌그러진 물통이라도 복음의 생수를 운반하기 위해 자기를 쓰시는 하나님께 감격한다고 고백했습니다. 복음은 완벽한 생수이지만 생수를 나르는 그릇으로서의 교파나 교단은 결코 완벽할 수 없습니다. 그럼에도 불구하고 보다 나은 물통을 준비하고 선택할 책임은 우리의 것입니다. 이 작은 책자가 그런 목적을 실현하는 작은 도움이 되기를 중보하며 이 책을 사용하는 모든 형제 교회와 성도들에게 주의 평화와 은혜가 함께 하시기를 기도합니다.

함께 침례교회의 지체가 된,
이동원 목사 드림

* 이 교재는 여러 신학자들과 저자들의 견해를 참고하여 편집되었으므로 '편저'임을 밝혀 둡니다. (이 책의 성격상 인용저서들은 생략합니다.)

서론

Ⅰ. 연구의 목적

알렉스 헤일리(Alex Haley)의 "뿌리"가 나오자 전 세계는 흥분하며 뿌리 찾기운동을 시작하였다. 직분자 훈련총서 공부의 근본 취지는 침례교회의 한 가족으로서 우리가 속한 교단(Denomination)과 교회(Local Church)가 믿고 고백하는 성서적 신앙 주장의 여러 가지 면모들을 연구함으로 보다 의미 있는 침례교회 가족의 한 지체가 되어 교회 사역에 긍정적인 기여를 하는 신앙인이 되도록 성도들의 믿음의 성숙을 도모함에 있다.

침례교회 신앙고백의 공통분모의 확인은 공동체 의식을 결정하는 가장 중요한 요인이라고 믿는다.

- 공부 목적(이유)
  침례교회의 공통분모를 확인하기 위함 → 공동체 의식을 결정하는 중요 요인
- 중요성
  신앙고백의 공통분모를 가지고 하나님이 맡겨 주신 선교를 실현하고자 함이다.
- 공부를 마친 후의 결과
  ① 보다 의미 있는 침례교회 가족의 한 지체가 됨(타 교단과의 차이점 인지)
  ② 교회 사역에 긍정적인 기여를 하는 신앙인이 됨(임직 준비)
  ③ 믿음의 성숙

1. 교파에 대한 두 가지 극단적 이해

* 당신의 견해를 말해보고 성서의 견해와 비교해 보라.

1) 교파는 교회의 유일한 전통이다.

답 : 예수님은 교파가 아닌 교회의 창시자이시다.

- 어떤 특정한 교파가 교회의 유일한 전통이 될 수 있는가? 없다.
 왜냐하면 주님께서 교파를 세우신 일이 없기 때문이다. 마 16:18을 찾아보자. **"내가 이 반석 위에 내 교회를 세우리니"** 주님은 주님 자신의 교회를 세우신다고 한 것이지 천주교회나 개신교, 장로교, 침례교를 세우러 오신 것이 아니다.
- 교파는 그리스도의 교회를 표현하는 다양한 표현 중에 하나라는 것을 객관적으로 아무도 부정할 수는 없다.
- 그러기 때문에 어떤 특정한 교파를 교회의 유일한 전통처럼 강조하는 것은 분명히 독선적인 주장에 불과하다.

2) 교파는 불필요하고 따라서 없어져야 한다.

답: 교파를 없애고 한 공동체를 세우면 결국 또 하나의 교파가 더해지는 것이다.

- 고전 1:12에는 교파가 나타나 있지는 않다. 하지만 교파가 나타난 기원을 볼 수 있다.
 "내가 이것을 말하거니와 너희가 각각 이르되 나는 바울에게 나는 아볼로에게 나는 게바에게 나는 그리스도에게 속한 자라 한다는 것이니"
 고린도교회 안에 파벌이 있었다. 바울의 가르침을 따르는 자가 있었고, 뛰어난 성경학자인 아볼로를 따르는 자들이 있었고, '나는 기적을 믿고 싶다'는 자는 베드로를 따랐다. 왜 이렇게 파가 많으냐? 그냥 그리스도만 따르면 되지 하고 그리스도만 따르기로 한 자들도 있었다. 이것은 파가 아닌가? 이것도 역시 파이다. 일본에서부터 건너온 무교회주의도 또 하나의 교파에 불과하다.
- 현실적으로 교파가 없어질 수 있겠는가?
 그것은 불가능한 일이다. 그것은 하나의 환상에 불과하다.
- 그렇다고 모든 교파가 정당화될 수 있는가? 그렇지는 않다.
 어떤 교파가 성서의 근본 교리를 부정하거나 떠나 있으면 그것은 주께서 인정하시는 교회의 범주 안에 서 있을 수 없다. 우리는 그러한 유형의 파벌을 만든 자들을 "이단"이라고 부른다. 이단은 기독교의 중요 교리인 삼위일체 하나님에 대한 고백, 그리스도의 신성과 인성에 대한 고백, 믿음으로 구원받음의 고백, 육체의 부활의 교리, 그리스도 재림의 교리 등 가장 근본 교리를 부인한다.

- 이런 이단적인 교파는 정당화될 수 없다.
- 그러나 이단이 아니라면 역사적으로 교파가 이미 존재해 왔다는 역사적 현실을 아무도 부정해서도 안 되고 부정할 수도 없다.
- 교파는 없어질 수 없는 것이다. 그럼 교파를 어떻게 이해하는 것이 정당한 것인가?

2. 교파 이해에 따른 본 연구의 참된 의의

1) 교파는 역사적 교회 발전의 불가피한 양상이다.

- 교회 = 신적 요소 + 인간적 요소(이 인간적 요소가 잘못될 수 있다.)
  교회는 신적인 공동체이다. 하나님이 역사하셔서 세워진 공동체이지만 그럼에도 사람이 모이는 곳이기 때문에 인간적인 요소가 없을 수는 없다. 그러기 때문에 잘못될 수도 있고 강조하는 것에 있어서 균형을 상실할 수도 있다.
- 그럼 교회가 잘못될 때 하나님은 어떻게 하실까?
  잘못될 때는 개혁을 하신다. 균형이 흔들릴 때는 새로운 것을 강조하게 하심으로 균형을 맞추게 하신다. 중세기 교회가 너무 잘못되었을 때에 종교개혁을 일으키셔서 교회를 쇄신하고 새롭게 하는 일들을 하셨다.
- 교파의 기원
  교회가 지나치게 한 교리를 무시하고 강조하지 않았을 때 하나님은 하나님의 사람들을 사용하셔서 특별한 진리를 강조하게 하셨다. 그것이 교파의 기원이다.
- 하나님은 칼빈은 통해 하나님의 주권을 강조(위대한 강조임)하셨다. → 장로교회가 생겨나게 되었다. 하나님의 주권을 너무 강조하다 보니 인간의 책임의 면이 소홀해지니 → 웨슬리를 일으켜서 인간의 책임을 강조하게 하셨다. → 여기서 감리교회가 생겼다.
- 교리사를 공부해보면 역사적으로 교리를 새롭게 발견한다. 그리고 그 교리가 역사를 통해서 세워져 간다. 우리가 믿고 있는 신앙의 고백이 하루아침

에 이루어진 것이 아니다. 그것이 역사적으로 발전되어 나온 것들이다.

① 예를 들면 예수님이 부활, 승천하신 바로 직후에는 기독론이 가장 문제가 되었다. 영지주의, 아리우스 논쟁을 통해 성경을 연구한 끝에 그리스도는 참된 하나님이시고, 참된 사람이라는 그리스도의 신성과 인성의 교리가 확립되었다.

② AD 300년에 이르러서는 치열한 삼위일체 논쟁이 일어난다. 예수님이 누구냐는 것은 해결이 되었는데 성령님은 누구신가, 성령님은 예수님이 보내셨는가, 하나님과 예수님에게서부터 보내셨는가라는 치열한 신학적 논쟁과 성경연구가 진행되었다. → 아타나시우스에 의해 성부, 성자, 성령이 한분이라는 삼위일체 교리가 확립되었다.

③ 종교개혁 시대가 도래하면서 예수 그리스도를 믿음으로만 구원받는다. 구원론이 정립되었다. 카톨릭이 교세를 키워 나가기 위해서 교회라는 조직체에 대한 충성을 지나치게 강조함으로 행함에 의해 구원을 받는 것처럼 강조되었기 때문이다. 그 때 하나님은 마르틴 루터를 통해서 오직 믿음을 통해서만 구원 받음을 강조하게 하셨다.

④ 동시에 교회가 무엇인가에 대한 논쟁이 대두되었다. 교회가 무엇인가? 그리스도의 몸이라는 강조점이 확립되었다.

⑤ 19세기에 들어와서는 선교가 진행되면서 선교론이 강조되었다.

⑥ 20세기에 들어와서 가장 치열한 논쟁이 무엇인가? 성령론과 종말론이다. 역사의 발전을 보면서도 거의 종말에 임박해 있음을 알 수 있다.

• 교파가 생겨나는 것은 두 가지 원인이 있다.

① 교리적 강조점의 차이

근본교리가 틀리면 이단이지만 개신교 교파간의 차이는 교리의 차이가 아니라 교리적 강조점의 차이라고 말해야 한다.

② 교회의 행정의 차이

중세기까지는 카톨릭 교회의 교권이 자연스런 교회의 운영 방법이었다. 그러나 종교개혁이 일어난 이후는 민주적으로 하는 방식이 일어났다.

• 민주주의도 여러 형식이 있다.

① 사람들이 감독을 세워서 감독에 의해서 교회를 운영해 나가는 것이 감리교이다.

② 그것은 충분히 민주적이지 못하니 교회의 장로들을 뽑아서 그들에 의해서 운영되는 것이 좋겠다는 생각이 바로 장로교이다.

③ 그러나 그것도 충분히 민주적이지 못하다. 더 많은 사람들이 참여할 수 있도록 하는 것이 회중적 침례교회이다.

- 교파가 역사적으로 발전한 데는 교리적 강조점과 행정의 이해 차이에 따른 것이므로 그것을 꼭 나쁘게만 볼 수 없다. 긍정적인 요소도 많이 있다.
- 교파는 교회가 발전하는데 불가피한 양상이다.

2) 교파 교리의 성서적 강조점 그대로 이해한다.

- 이 공부를 해 나가면서 침례교회만 공부하는 것이 아니라 다른 교파의 강조점들을 이해하는 것은 직분자 훈련총서의 중요한 목적이다.
- 장로교가 강조하는 하나님의 주권과 예정의 교리, 감리교가 강조하는 인간의 책임, 오순절 교회가 강조하는 성령체험 등의 강조는 예수 그리스도의 교회에서 다 필요한 것들이다.
- 예수 그리스도의 교회는 각 교파들이 강조한 것들이 균형 있게 내포된 것이 궁극적 교회의 모습이라고 볼 수 있다.

3) 타교파와 자교파의 차이를 이해(관용)하며 교파를 넘어선 하나됨을 추구한다.

- 다른 교파하고 연합하려면?
  ① 차이를 이해하고 그것이 본질적인 차이인가, 강조점의 차이인가를 알아야 한다.
  ② 교회가 연합한다는 것이 무엇인가를 이해하는 것이 중요하다.
- 교회 연합의 가장 중요한 원리를 제시하고 있는 성경구절은 요 17:21이다.
  "아버지여, 아버지께서 내 안에, 내가 아버지 안에 있는 것 같이 그들도 다 하나가 되어 우리 안에 있게 하사 세상으로 아버지께서 나를 보내신 것을 믿게 하옵소서"(요 17:21)
  요 17장은 그 당시의 제자들뿐만 아니라 앞으로 오고 오는 교회를 염두에 두시고 기도한 내용이다. **"세상으로 아버지께서 나를 보내신 것을 믿게 하옵소서"** 제자들이 하나가 됨으로 아버지께서 나를 보내신 것을 믿을 수 있게 해 달라는 기도이다.
- 하나 됨의 본으로 제시한 것이 성부와 성자의 연합이다.
  그럼 성부와 성자가 어떻게 하나가 되었는가? 이 둘 사이에 구별이 있는가? 아니면 아무 것도 다른 것 없이 혼합되어 있는가? 만약 그렇다고 주장하면 그것은 이단이다. 그것은 신학적으로는 양태론이라고 한다. 무조건 하나라고 하면 삼위일체를 부인하는 일신론으로 그것도 이단이다. 성부는 성부이고 성자는 성자이다. 아버지가 아들이 아니고 아들이 아버지가 아니다. 분명히 구별된다. 이것은 삼위이다. 분명히 아버지와 아들 사이에 위격의 구분이 있지만 그럼에도 불구하고 영적으로 하나(spiritual unity)이다. 그것이 바로 삼위일체 하나님의 모델로 제시된 것이다.

- 교회 역사를 보면 교파가 너무 많다 보니 이것을 거대한 조직체에 묶으려는 운동이 일어났다. 그것을 에큐메니칼 운동이라고 부른다. WCC(World Council of Church)라는 연합회 안에 묶으려 했다.
- 그 운동이 성공했겠는가?
  그 운동 때문에 교파의 분열이 더 심화되었다. 한국교회도 6.25를 전후해서 찬성과 반대로 몸살을 앓았고 장로교가 '합동'과 '통합'으로 갈라진 원인도 바로 그것 때문이었다.
- 이것은 교회 연합의 원리를 잘못 찾았기 때문이다.
  조직적인 연합이 아니라 영적인 연합이어야 한다. 억지로 조직적으로 하나로 묶을 필요가 없다. 다양한 신앙의 강조점을 가지되 자기 교파만 강조하지 않고 뛰어 넘어 세계선교를 위해 언제든지 하나일 수 있고 그리스도 안에서 모든 사람을 형제와 자매로 끌어안을 수 있어야 한다.
- 주님이 성경 안에서 가르친 일치의 모델은 성령 안에서 성령으로 말미암은 일치이다.
  성령으로 말미암은 일치이지 조직적인 일치는 아니다. 다른 교단 형제자매들도 사랑할 줄 아는 안목을 가져야 한다.
- 이러한 성서적 에큐메니칼 운동을 추구하기 위해서는 먼저 자신이 속한 교회와 교단을 사랑하는 것을 배워야 한다.

4) 자신이 속한 교회와 교단을 사랑하는 것을 배운다.

- 다른 사람하고 교제할 때 자신감 있는 자가 원만한 교제를 나누는가?
  아니면 열등감 있고 자기 자신에 대해 자신 없어 하는 사람이 원만한 교제를 할 수 있는가? 자신감 있는 사람이다. 자기 자신의 장점을 알고 상대방의 삶에 기여하려고 하는 자가 원만한 교제를 나눌 수 있다.
- 교파를 뛰어 넘어 모든 형제와 자매들 사이에 아름다운 교제를 나누면서 예수 그리스도의 교회 운동을 전개해 나가기 위해서는 내가 속한 교회의 교파가 무엇인지 그 장점과 특징을 충분히 이해하는 것이 중요하다. 그것을 위해 각 교단이 기여할 부분이 있는 것처럼 침례교회가 기여할 정당한 부분이 있기 때문이다.
- 그것을 알기 위해 내가 소속된 교회가 속한 침례교단이 무엇을 믿어 왔는가? 어떻게 형성되었는가? 무엇을 강조하는가를 아는 것이 신상에 유익하

다고 생각하는가?

- 침례교회에 머물러 있는 한 내가 속한 교회가 얼마나 성서적이고 아름다운 교회인가를 확신할 필요가 있다고 생각하는가? 이것이 직분자 훈련총서 과정의 가장 중요한 목적이다. 내가 속한 교회와 교단(기독교한국침례회)을 사랑하는 것을 배울 수 있기를 바란다.

Ⅱ. 연구의 방법

역사적으로 침례교회의 성격을 형성해 온 몇 가지 중요한 교리적 강조점들이 있어 왔다. 이것들은 침례교회의 교리들이기 때문에 중요하기 보다는 실상 성경이 강조하는 교훈들이기 때문에 중요한 것이라고 할 수 있다.

※침례교회가 강조했다는 것은 중요하지 않다.
그러나 성경이 강조한 것을 교단과 우리 교회가 강조한다는 것은 매우 중요하고 의미 있는 것이다.

이들 중 어떤 교훈은 비단 침례교회만이 주장하는 것은 아니다. 어떤 것은 개혁(장로)교회에서, 어떤 것은 감리교회에서, 어떤 것은 다른 자유교회(Free Church) 모임들이 강조하는 것이기도 하다. 그러나 대체로 이제부터 우리가 공부하는 몇 가지 항목의 교훈들은, 전체적으로 본 침례교회의 칼라(Color)를 만들어 온 것들이다. 지나간 세기의 침례교회 설교가들은 이것들을 BAPTIST라는 단어의 각 알파벳을 사용하여 "침례교인의 7가지 신앙"이라고 명명하였다. 이것들은 마치 장로교회(개혁교회)의 교리를 요약하여 TULIP이라고 부르는 것과 동일한 형식이다.

T: Total depravity(전적 부패)

- 인간은 지성도 감성도 의지도 전적으로 부패했기 때문에 스스로를 구원할 수 없다.

U: Unconditional election(무조건적 선택)

- 인간의 공로나 다른 무엇을 보고 선택한 것이 아니라 하나님이 무조건적으로 선택한 것이다.

L: Limited atonement(제한적 속죄)

- 예수님께서 십자가에서 죽으신 것은 선택받은 사람들만을 위해서 죽으신 것이다.
  모든 사람들을 위해서 죽으신 것은 아니다.
- 이것은 무조건적 선택교리와 맞물려 있다.

I : Irresistible grace(불가항력적 은혜)

- 하나님께서 은혜를 주실 때에 아무도 저항할 수 없다. 사람들이 믿고 안 믿고 할 수 있는 것이 아니다.

P: Perseverance of Saints(성도의 견인)

- 한 번 믿으면 일시적으로는 떨어져 나갈 수 있지만 궁극적으로는 구원받는다.
- 이상이 개혁교회 혹은 장로교회가 강조하는 교리이다.
- 참고: **TULIP**

"침례교인의 7가지 기본 신앙"은 다음과 같은 양식으로 강조되어 왔다.

B: Believer's Priesthood

신자의 제사장직

(어떤 이들은 B를 Believer's Baptism 곧 '신자의 침례'라고 부르기도 했다.)

- 특별한 사람만이 제사장이 아니라 모든 사람이 다 제사장이다.
- 침례교회는 목사님들이 그래도 독선적이지 않다. 모든 신자의 제사장 직분을 믿기 때문이다.

A: Autonomy of the Local Church

자치적 지역교회

- 총회도 있고 지방회도 있지만 명령기관은 아니다.
- 자치적 지역교회를 주장하는 이유는 안디옥교회에 문제가 생겼을 때 예루살렘교회가 명령을 하지 않는 모본 때문이다.
- 교회와 교회 사이가 명령을 주고받는 관계가 아니라 서로 협력하는 관계이다.
- 이것을 뒷받침하는 교리적 전제가 있다.

① ㅇㅇ교회의 머리가 누구신가?
우리 교회의 머리가 누구신가? 우리 교회가 개척한 ㅇㅇ교회의 머리는 누구신가? 우리 교회의 머리이신 예수님께서 그 교회의 머리신가?
② 우리 교회에 계신 성령님이 거기도 계신가?
그렇다면 여기서 우리 교회를 인도하신 주님이 그 교회를 인도하실 수 있는가? 그렇다면 그 교회의 자치성을 인정해야 한다.

P: Primacy of Scripture

성서의 절대적 권위

- 침례교회가 가장 강조하는 것이 있다면 성경이다.
  우리가 침례교회를 좋아하는 이유는 침례교회이기 때문이 아니라 침례교단이 다른 어떤 교단 보다 성경의 권위를 인정하고 따르기 때문이다.
- 성경은 영웅들을 강조하지 않는다.
- 침례교회도 스펄전, 존 번연, 빌리 그래함 등이 있지만 우리는 사람들을 강조하지 않는다.

T: True believers only in the Church

교회 내 참 신자만의 회원권

- 교회의 멤버십을 가지려면 구원의 신앙고백(구원의 간증)이 있어야 한다.
- 침례교회 침례받은 신자에게 그냥 멤버십을 주지 않는다. 구원받은 증거를 고백하는 자에게만 준다.

I: Individual Competency of the Soul

영혼의 개인적 자율성

- 침례교회가 매우 중요하게 강조하는 것이 자율성이다. 저마다 하나님이 자율성을 주신 것을 인정해야 한다.
- 각 그리스도 안의 개개인들은 스스로 신앙의 고백을 할 수 있고 스스로 섬김의 방법을 결정할 수 있는 권한이 있다.
- 어떤 교단보다도 침례교인들이 훨씬 더 자유로울 수 있는 것이 이런 신앙적 고백의 배경을 갖고 있기 때문이다.

S: Separation of Church and State

교회와 국가의 분리

- 정교 분리의 원칙을 처음 주장한 것이 침례교회이다.
  침례교도인 로저 윌리엄스가 로드 아일랜드 주의 헌법에서 정교 분리를 적용했고 이것이 미국 헌법에 적용된 것이다.
- 이것과 연결된 것이 개인의 자율성이다. 아무도 개인을 지배하거나 억압할 수 없다. 자율성으로 개인이 존중되어야 한다.

T: Two Ordinances

두 가지 거룩한 의식

1) 신자의 침례(Believer's Baptism)

2) 기념적 주의 만찬(The Lord's Supper as Memorial)

우리는 앞으로 우리가 속해 있는 침례교회의 이상과 주장, 그리고 그 역사의 발자취를 성서에 비추어 검토하고 연구하기로 한다.

목차

제 1 장

우리는
"성서의 절대적 권위"를
믿습니다

제 1 장

우리는 "성서의 절대적 권위"를 믿습니다

침례교인들은 모든 복음적 그리스도인들과 함께 "오직 성경" 위에 그들의 신앙을 기초하려고 하였다. 침례교인들은 역사적으로 "한 책의 백성들"(People of the Book)이라고 불려 왔다. 이 책은 곧 성경이며, 침례교인들은 성경이야말로 기독교인의 신앙과 행습의 유일한 근거라고 믿는다. 다시 말하면 우리는 다른 어떤 권위보다도 신앙의 근거로서의 "성서의 절대적 권위"(Primacy of Scripture)를 믿고 있는 것이다

- 종교개혁의 가장 중요한 모토 가운데 하나가 "오직 성경"이었다.
  종교개혁 시대에 오직 성경을 주장하게 된 것은 카톨릭 교회가 가장 중요한 절대적 권위를 교회에 두었기 때문이다. 더 정확하게 말하자면 교황에게 두었기 때문이다. 이러한 전통으로 교회의 방향이 아주 잘못되어져 가기 시작했을 때 당시의 교회가 성경에 근거한 교회가 아님을 알고 종교개혁자들이 신앙생활의 참된 권위는 〈오직 성경, Sola Scriptura〉에만 기초해야 함을 고백하게 되었다.

- 다양한 교파들이 많이 있었고 그들이 성경을 존중해 왔지만 그 중에 침례교인들은 특별히 성경을 더 중요시하였다.
  그래서 침례교인들에게 붙여진 매우 영광스러운 별명 중 하나가 "한 책의 사람들"이다.
- 당신의 신앙 사조가 무엇인가? 칼빈주의인가? 알미니안주의인가?
  침례교인들은 비블리스트라고 대답한다. 칼빈주의도 아니고 알미니안주의도 아니고 오직 성서주의 혹은 '복음주의'라는 뜻이다. 그만큼 오직 성경 하나 위에만 신앙의 권위를 세워 왔다.
- 신앙의 사조와 함께 또 다른 것이 신조이다.
  교회 역사를 통해 많은 신조들이 탄생했다. 침례교회 역사 안에도 신조들이 있었다. 그러나 침례교회는 일반적으로 신조를 환영하지 않았다. 대부분의 신조는 성경에 근거했지만 어떤 신조는 성경적인 것이 아닌 것도 있었기 때문이다.
- 신조의 위험성(침례교회가 사도신경을 고백하지 않는 이유)
  교회 역사를 통해서 나타난 가장 대표적인 신조는 사도신경이다. 침례교회는 사도신경에 기록된 내용을 다 믿는다. 침례교회가 사도신경을 고백하지 않는 부분에 대해 다른 교단에서 오신 분들이 이상게 여긴다. 침례교회가 예배 중에 사도신경을 고백하지 않는 이유는 사도신경을 안 믿어서가 아니라 사도신경이 성경 안에 없고, 사도신경의 정확한 역사적 기원을 알 수 없기 때문이다. 또한 사도신경 안에 있는 내용 중에 일부를 끄집어내어 다른 독립된 신조를 만들기 시작하면 나중에 성경에 없는 신조를 만들 가능성도 있기 때문이다.
  이런 징조들은 이미 어떤 개신교 교파들 가운데 드러나고 있다. 미국의 어떤 부류 장로교파에서는 동성애를 인정하는 신조를 채택했다. 성경 밖으로 신조를 자꾸 끌어내면 나중에 성경에도 없는 신조도 고백하게 된다.
- 이런 의미에서 침례교회는 신조를 환영하지 않고 오직 성경만 붙드는 태도를 갖는다.

실로 성경 없이는 기독교는 존재할 수가 없다. 성경의 영감과 권위에 대한 믿음은 곧 우리의 신앙의 근거를 결정하는 것이 된다. 우리의 신앙은 성경을 신뢰하는 것에 비례하여 성장한다.

"그러므로 믿음은 들음에서 나며 들음은 그리스도의 말씀으로 말미암았느니라"(롬 10:17)

미국 남침례교인들의 신앙을 표현한 "침례교인의 신앙과 메시지"는 다음과 같이 성경에 대한 우리의 믿음을 고백하였다.

"성경은 성령의 감화를 받은 사람들에 의하여 기록되었으며 인간을 향한 하나님 자신의 계시에 대한 기록입니다. 성경은 하나님의 가르침을 담은 완전한 보배입니다. 성경의 저자는 하나님이시며 목적은 구원이며, 어떤 오류도 없는 진리를 그 내용으로 하고 있습니다. 성경은 하나님께서 인간을 심판하시는 원리를 보여 줍니다. 그러므로 성경은 기독교 연합의 핵심이며 모든 인간의 행위, 교리 및 종교적 견해를 가늠할 수 있는 절대적 기준이 되며 세상 끝 날까지 존속할 것입니다…"

- 이렇게 고백하는 것이 타당한가를 성경을 통해서 살펴보자.
- 왜 우리는 "성서의 절대적 권위를 믿는가?" 하나님의 감동으로 된 말씀이기 때문이다.

Ⅰ. 성경의 영감

1. 영감의 증거

1) 내증(성경 자체의 증언, 딤후 3:16, 벧후 1:21, 3:15)

> 디모데후서 3:16
> 모든 성경은 하나님의 감동으로 된 것으로 교훈과 책망과 바르게 함과 의로 교육하기에 유익하니

> 베드로후서 1:21
> 예언은 언제든지 사람의 뜻으로 낸 것이 아니요 오직 성령의 감동하심을 받은 사람들이 하나님께 받아 말한 것임이라

> 베드로후서 3:15
> 또 우리 주의 오래 참으심이 구원이 된 줄로 여기라 우리가 사랑하는 형제 바울도 그 받은 지혜대로 너희에게 이같이 썼고

- **사도 베드로가 사도 바울 편지의 영감성을 인정하였다.**
- 베드로후서는 누가 썼는가?
  베드로.
- 베드로와 바울이 사이가 좋았는가? 별로였는가?
  별로였다. 인간이기 때문에 그럴 수 있다. 베드로와 바울이 몹시 다투었던 것을 사도행전에서 볼 수 있다.
- 그럼에도 베드로는 우리의 사랑하는 형제 바울이 서신을 쓸 때 자기 마음

대로 쓴 것이 아니라 받은 지혜대로 썼다고 인정하고 있다. 단순히 인간적 수준의 인정이 아니라 하나님의 영감으로 기록했다는 사실을 인정하고 있는 것이다.

• 성경을 기록한 사람들 사이에 하나님의 영감이라는 사실을 피차에 인정하고 있는 것을 볼 수 있다.

2) 증언된 메시지의 독특성

• 하나님이 아니고서는 사람으로서 말할 수 없는 3가지의 독특성 – 신관, 죄관, 구원관이다.

① 신관(新觀): 성경은 유일하신 신의 존재를 증거한다.

• 종교학자들은 인간이 본능적으로 다신론적이라고 말한다.
기독교적인 입장에서 본다면 타락한 인간이기 때문에 다신적 경향을 가진다. 나를 도와줄 수 있는 신이 하나가 있는 것이 좋은가? 여럿 있는 것이 좋은가? 많으면 많을수록 좋다고 생각할 수 있다. 이스라엘 백성들조차 모세가 하나님의 말씀을 들으러 올라갔을 때 우상을 만들었다.

• 성경 안에도 하나님의 백성들조차 끊임없이 우상신을 만들려는 경향을 볼 수 있다. 세상에 많은 종교들도 다신관을 가지고 있다.

• 유일신관을 주장하는 종교치고 성경의 영향을 받지 않은 종교가 있는가?
유대교, 이슬람교가 유일신을 믿는다. 성경의 영향을 떠나서는 하나님이 한 분이시라는 사실을 절대로 고백할 수 없다. 이것이 성경의 영감을 말해주는 한 측면이다.

② 죄관(罪觀): 성경은 모든 사람의 죄인됨을 증거한다.

• 성경을 떠나서 죄에 대해 얘기할 때 사람들은 어느 정도의 선의 가능성을 주장한다.
우리 안의 죄는 우리 자신의 행함으로 우리 자신을 구원하지 못할 만큼 비관적이다.

• 우리가 우리를 구원할 수 있다면 하나님이 누구를 보내실 필요가 없는가?
예수 그리스도.

③ 구원관(救援觀): 성경은 오직 믿음으로만 구원 받음을 증거한다.

- 그래서 그리스도를 통해서 우리를 구원하고자 하셨다. 타자(예수 그리스도)의 힘에 의해서 구원받을 수가 있다.
  전도폭발을 나가 보면 90% 이상의 사람들이 선행으로 구원받을 수 있다고 대답한다. 이것은 자기의 선행에 소망을 걸고 있다는 것을 보여 준다.
- 인간의 선행으로는 구원받을 수 없다는 것을 가르치는 것은 성경 밖에 없다. 하나님의 도우심이 아니고는 자신을 구원할 요소가 하나도 없다.
- 이런 죄관, 구원관은 성경을 떠나서는 도저히 말할 수 없다. 이것이 성경의 독특한 면이다.

3) 그리스도의 인용(눅 24:25–27)

누가복음 24:25–27

25이르시되 미련하고 선지자들이 말한 모든 것을 마음에 더디 믿는 자
들이여 26그리스도가 이런 고난을 받고 자기의 영광에 들어가야 할 것
이 아니냐 하시고 27이에 모세와 모든 선지자의 글로 시작하여 모든
성경에 쓴 바 자기에 관한 것을 자세히 설명하시니라

- 인용은 한상 권위 있는 것에서 하게 된다(특히 논문). 예수님이 구약을 인용하신 것은 구약을 인정하고 계셨다는 증거이다.
  하나님이 창조하셨다는 사실(막 13:19 **"이는 그 날들은 환난의 날이 되겠음이라 하나님께서 창조하신 시초부터 지금까지 이런 환난이 없었고 후에도 없으리라"**), 하나님이 사람을 남자와 여자로 지으셨다는 사실(마 19:4–5 **"예수께서 대답하여 이르시되 사람을 지으신 이가 본래 그들을 남자와 여자로 지으시고 말씀하시기를 그러므로 사람이 그 부모를 떠나서 아내에게 합하여 그 둘이 한 몸이 될지니라 하신 것을 읽지 못하였느냐"**), 노아의 홍수 사건, 소돔과 고모라의 사건, 요나의 사건 등을 사실로 받아들이고 인용하셨다.
- 이것은 예수께서 구약이 하나님의 영감으로 기록되었다는 것을 인정하신 것이다.

4) 사도들의 인용(딤전 5:18, 신 25:4)

> 디모데전서 5:18
>
> 성경에 일렀으되 곡식을 밟아 떠는 소의 입에 망을 씌우지 말라 하였고 또 일꾼이 그 삯을 받는 것은 마땅하다 하였느니라

> 신명기 25:4
>
> 곡식 떠는 소에게 망을 씌우지 말지니라

- 신약은 구약이 성경임을 인정하였다.
- 딤전 5:18에서는 신명기 25:4 **"곡식 떠는 소에게 망을 씌우지 말지니라"**을 인용하면서 성경이라고 말하고 있다.
- 벧전 2:6 **"성경에 기록되었으되 보라 내가 택한 보배로운 모퉁잇돌을 시온에 두노니"** 이사야 28:16절을 인용하면서 성경이라고 말하고 있다.
- 약 2:8 **"너희가 만일 성경에 기록된 대로 네 이웃 사랑하기를 네 몸과 같이 하라"** 레위기 19:18절을 인용하면서 그것이 바로 성경의 말이라고 한다. 이것들은 사도들이 구약성경을 인정하고 있음을 보여 준다.

5) 통일성

- 거의 1600년간에 걸쳐 약 40명 이상의 저자가 다른 문화, 국가, 다른 직업의 배경을 가지고 3개 이상의 다른 언어로 기록되었음에도 한결같이 예수의 메시아 되심을 증언하였다.

6) 예언의 성취

- 구약에만 300개 이상의 예언들이 존재하는데 그 가운데 예수 그리스도의 초림의 예언들은 모두 정확하게 실현되었다.

• 예언의 성취는 두 가지를 들 수가 있다.

① 첫 번째는 이스라엘 역사에 대한 예언의 성취이다.
이스라엘 민족이 흩어지고 다시 회복되리라는 예언.

② 두 번째는 메시아에 대한 예언의 성취이다.
처녀에게서, 베들레헴에서, 요한이 광야에서 예비할 것이고, 나귀 타고 입성(슥 9:9), 한 사람에 의해 배신, 은 30냥에 팔리고(슥 11:12) 등. 약 300개 이상의 메시아 예언들이 성취되었다.(60여 개의 명확한 성취사례)

• 이런 것들이 성령의 감동하심이 아니라면 어떻게 가능하겠는가?

7) 고고학적인 증거

• **18세기 말에 시작된 성경에 대한 고등비평은 19세기 이후의 성경 고고학의 발달로 성경의 권위를 약화시키지 못하였다.**

• 세상에 있는 많은 학문 가운데 성경의 권위와 신비성을 가장 높여준 학문이 고고학이다.
금세기의 위대한 고고학자 중 하나인 올 브라이트는 복음적 크리스천이라고 할 수는 없지만 성경에 대해 깊은 신뢰를 고백한다. 왜냐하면 성경 보고 가서 파보면 맞기 때문이다. 그래서 그는 성경에 대한 외경심을 가지게 되었고 금세기에 가장 권위 있는 고고학자가 되었다.

• 우리가 믿는 영감의 성격은 어떤 것인가를 보자.

2. 영감의 조감도

신적 근원	하나님 …으로부터(from) 계시 된 진리
인간적 도구	기자들 …통하여(through) 전달 된 진리
결과	성경 …에로(unto) 기록 된 진리

• 하나님으로부터 사람을 통하여 성경이 기록되었다.
정통신학의 복음주의자들은 성경은 완전하게 축자적으로 단어까지 영감

되었다(완전축자 영감설)고 믿는다. 히브리어는 점 하나 잘못 찍어도 다른 단어가 된다.

• 영감으로 기록되었다면 성경은 당연히 권위를 가진 책이다.

Ⅱ. 성경의 권위

성경의 권위는 곧 성경의 정경성 문제와 직결된다. 성경과 유사한 많은 책들 가운데서 왜 하필이면 구약 39권, 신약 27권만이 권위 있는 정경(Canon)으로 채택되었는가라는 물음이다.

- Canon은 "자, 막대기"라는 뜻으로 측량, 표준이라는 의미이다.
  정경이라는 말을 제일 처음 쓴 사람은 AD 367년경의 아타나시우스(AD 293-373)이다.
- 우리가 구약 39권 신약 27권만을 정경이라고 읽고 고백하는 근거가 어디 있는가?
  개신교들은 외경, 위경을 읽을 필요가 없는가? 아니다 읽어도 된다. 그러나 그것은 정경처럼 성령의 감동으로 기록된 것으로 믿지 않는다.
- 왜 66권 만인가를 생각해 보자.

1. 구약 정경의 선별 기준

1) 에스라에 의해 대부분 편집되었다.

- 에스라는 존경받는 학자였고 제사장이었다. 이 에스라가 편집했다.

2) 그리스도께서 구약의 권위를 인정하셨다.

- 정경성을 판정하는 근거는 예수님이 인정하신 흔적이 있는가이다.
  눅 11:50-51 **"창세 이후로 흘린 모든 선지자의 피를 이 세대가 담당하되 곧 아벨의 피로부터 제단과 성전 사이에서 죽임을 당한 사가랴의 피까지 하리라 내가 너희에게 이르노니 과연 이 세대가 담당하리라"** 여기서 예수님은 아벨부터 사가랴까지를 인정하고 있다.
- 유대인의 구약 성경의 순서와 지금 우리가 가지고 있는 구약과는 순서와 권수에 있어서 조금 다르다.
  유대인의 구약성경 편집 순서 : 창세기 → 역대기

그러나 내용은 똑같다. 편집상의 차이 때문에 조금 다르다. 그런데 유대인 구약성경의 맨 마지막에 있는 책이 역대기이다. 이 마지막 책에 사가랴(대하 24:20)가 나온다. 처음에는 누가 나올까? 아벨이 나온다. 예수님은 여기서 구약의 처음 선지자(아벨)과 마지막 선지자(사가랴)를 언급한 것이다.

- 특별히 죄로 말미암은 사건을 얘기하면서 아벨에서부터 사가랴까지 언급하는 것은 예수님이 구약의 전체적인 순서를 인정한 매우 중요한 사건이다. 결국 이것은 예수님이 구약의 권위를 인정하신 것이다.

3) 사도들이 구약의 권위를 인정하였다.

- 베드로, 야고보, 바울 등 사도들이 구약을 인정했다.

4) 유대인의 전통과 일치한다.

- 유대인의 정경은 카톨릭의 외경과 위경이 한 권도 들어 있지 않다.
  이것은 외경이나 위경이 역사성이 없는 것임을 증거한다. 외경이나 위경은 대부분 신구약 중간기에 쓰여졌다.
- 그러나 순서나 이름과 책이름은 다르지만 구약의 경우엔 유대인의 정경과 같다.
- 이미 AD 95년 당시에는 구약성경이 정경으로 확실하게 인정된 근거가 있다.
  요세푸스라는 역사가가 구약 39권을 인정하고 있다.
  또한 랍비들의 얌니야 회의에서 이미 구약이 권위 있게 기록된 말씀으로 주어져 있었다.

2. 신약 정경의 선별 기준

1) 사도들에 의해 인정되었는가?(사도성)

- 예수님의 12제자 같은 권위 있는 사도들이 그 책을 인정했는가?

2) 책의 내용이 충분한 영적 특성을 드러내고 있는가?(영성)

3) 초대교회에서 보편적으로 인정되었는가?(보편성)

- 사도 베드로가 이미 바울의 편지를 인정하고 있다. 다른 편지들과 구별되어 영감된 것임을 이미 인정하고 있다.

4) 책 자체 안에 영감의 내증을 갖고 있는가?(영감성)

- 영감의 구체적인 증거들이 정경 각 절 내용에 나타나고 있는가?

3. 교회와 정경의 관계

로마 카톨릭의 견해	개신교의 견해
· 교회가 정경을 결정	· 교회는 정경을 발견
· 교회가 정경의 어머니	· 교회는 정경의 자녀
· 교회가 정경의 입법자	· 교회는 정경의 집행자
· 교회가 정경의 판단자	· 교회는 정경의 증인
· 교회가 정경의 주인	· 교회는 정경의 종

- 교회가 결정했으니 교회의 권위가 더 중요한가?
  아니다. 교회가 그것을 결정하는데 관여한 것은 사실이지만 교회는 이미 있는 성경을 발견하는 작업을 했을 뿐이다.
- 교회는 정경의 어머니인가?
  아니다. 진리의 말씀이 먼저 있었고 교회는 이 말씀 때문에 생겨난 것이다. 그래서 교회는 정경의 자녀이다.
- 교회가 정경의 입법자인가?
  아니다. 교회가 성경을 만든 일이 없다. 이미 있었던 것을 편집하는 작업을 거친 것은 사실이다. 교회는 진리의 말씀을 선포하고 나타내는 것에 불과하지 입법자는 아니다.
- 교회가 정경의 판단자인가?
  아니다. 교회는 말씀을 증거하는 증인에 불과하다.

- 교회는 정경의 주인인가?(교회의 권위가 더 높은가?)
  아니다. 교회는 하나님의 말씀을 심부름하는 역할만 한다. 누구에 의해서 입증되어야 한다면 진리가 아니다. 진리는 스스로 있는 것이다. 교회는 그것을 선포하고 관리했을 뿐 진리는 스스로 그 자체를 증언해 왔다.
- 하나님은 이런 일련의 역사적 과정을 통해서 간섭하셔서 성경을 우리에게 주셨다.
  그러므로 신학자도 귀하게 여겨야 한다. 또 역사도 귀중히 여겨야 한다. 성경(정경)은 역사를 통해서 주어진 것이지 어느 날 갑자기 떨어진 것이 아니다.

Ⅲ. 성경을 대하는 바른 자세

1. 성경의 권위는 신앙에 있어서 다른 권위보다 앞서야 한다.

• 교회 역사 안에 있었던 4가지의 중요한 입장이 있었다.

1) 이성주의 : 이성이 모든 것을 판단하는 기준이다.

• 이성주의도 그리스도인일 수 있는가? 있다.
여기서 말하는 이성주의라는 것은 그들이 신앙의 판단이나 중요한 결정을 할 때 가장 중요한 판단의 근거가 이성이다

• 인간의 이성으로 성경을 본다면 성경이 어떻게 될까?
기독교는 이성을 부인하지 않으나 이성주의는 아니다. 이성에 의해서 모든 것을 판단하는 종교는 아니다. 이성적으로 상식적으로 받아들일 수 없는 것들을 다 빼면 두 가지가 남는데 이쪽 표지와 저쪽 표지만 남는다. 왜냐하면 성경의 첫 구절부터 **"태초에 하나님이 천지를 창조하시니라"**라는 말씀조차 이성적으로 받아들일 수 없다. 이성주의자들이 기독교 신학의 입장에서 자유의적인 입장을 주도해 온 배경이 된다.

2) 신비주의 : 체험이 모든 것을 판단하는 기준이다.

• 신비주의자들은 중요한 결정을 할 때 마지막 권위가 무엇인가?
이들에게 가장 중요한 권위는 체험이다. "내가 체험했으니까"이다. – 환상, 꿈, 기적
하지만 체험은 주관성에 근거한다. 내가 체험한 것이 진리일 수도 있지만 아닐 수도 있다. 내 체험이 잘못되었을 때 판단해 줄 권위는 무엇인가?

• 복음적 그리스도인들은 무엇으로 판단의 기준을 삼는가?
하나님의 말씀이다. 어젯밤 꾼 꿈을 통해서 중요한 진리를 계시할 수 있는가? 없는가? 내 앞길을 예언할 수 있는가? 꿈의 피동성 때문에 하나님은 꿈을 사용해서 내 앞 길을 경고하실 수도 있는 것이다. 그러나 개꿈일 수 있는 가능성도 있다.

• 성경보다 체험이 앞서 가서는 안 된다.
체험이 안 중요하다는 것이 아니라 중요할 수 있다. 무엇이 더 중요한가?

성경의 권위가 가장 중요하다. 그렇다고 체험의 영역을 무시하거나 과소평가하면 안 된다.
예) 벧후 1:16-18 베드로의 변화산상의 경험
"또 우리에게는 더 확실한 예언이 있어… 성경의 모든 예언은… 성령의 감동하심을 받은…"(벧후 1:19, 21)

- 저마다 자기의 체험은 참 소중한 것이다. 그럼에도 판단의 기준은 하나님의 말씀이어야 한다.

3) 로마 카톨릭 : 교회가 모든 것을 판단하는 기준이다.

- 카톨릭의 최대의 권위는 교회이다. 특별히 교회의 교황이다.
- 아직도 카톨릭은 교황 무오설을 포기하지 않았다.
이것은 현대사회에 존재하는 최대의 미신이다. 또한 카톨릭 교회의 우상적 전승이 얼마나 대단한가를 보여 주는 것이다. 역사적으로 교황이 잘못했는가? 안했는가? 이런 많은 도전이 들어가니 나중에 수정한 것이 교황도 잘못할 수는 있지만 성령에 충만하여 말할 때만은 오류를 범하지 않는다고 바꾸었다. 카톨릭은 이같이 교회의 전통을 가장 중요한 권위로 삼고 있다.
- 그럼 교회가 잘못되면 어떻게 그것을 판단할 수 있는가?
또 교황이 잘못되면 어떻게 되는가? 도리가 없지 않은가?
- 우리 복음적 그리스도인들은 언제나 가장 중요한 권위가 어디 있는가?
하나님의 말씀을 가지고 판단한다. 성경보다 더 높은 권위가 없다.

4) 신조주의(Creedalism) : 역사적 신조가 모든 것을 판단하는 기준이다.

- 교회 역사 안에서 많은 신조주의가 있었다.
일단 신조가 만들어지면 가장 높은 권위를 가지게 된다. 이것이 신조의 위험성이다. 신앙을 고백하기 위해서 시대마다 신조를 만들어내는 것이 아주 나쁜 일은 아니지만 잘못하면 그것이 성경을 대신하게 된다.
- 그래서 침례교회가 사도신경을 사용 안하는 것이다.
고백해도 괜찮다. 그러나 이런 신조를 자꾸 강조하다 보면 성경의 권위보다 더 높이 올라 갈 수 있기 때문이다. 전통적으로 침례교회는 사도신경을 고백하지 않는다.
- 신조도 무엇에 의해서 판단을 받아야 하는가? 성경이다.
그것이 성경적이 아니라면 그 신조는 포기되어야 한다. 이미 어떤 교회는 동성애를 받아들이기 위해서 신조를 만들었다.

• 복음적 그리스도인들, 특별히 침례교인들은 가장 중요한 권위가 성경이었다. 아무것도 더 중요한 권위를 가지지 않았다.

2. 성령님의 조명(照明, Illumination)으로 성경은 읽혀지고 연구되어야 한다.(고후 3:14 외)

• 성경을 기록한 성령님보다 성경을 더 잘 깨닫게 해 줄 수 있는 자는 없다.
• 성경이 성경의 영감으로 기록된 책이라면 성령님의 도움을 받아야 한다. "영감"은 성경을 기록할 때 사용되는 용어이고, 성경을 읽고 깨닫는 것은 "조명"(illumination)이라고 한다. 빛을 비춘다는 의미이다.
• 책들 가운데 읽다가 궁금하면 그 저자에게 물어 보고 도움을 얻어서 깨달을 수 있는 책은 꼭 한 권 밖에 없다. 무슨 책일까?
성경이다. 그것이 사실이다. 모르는 말씀을 붙들고 "주님 이것을 깨닫게 해 주옵소서"라고 기도한다.
• 성경을 이해하는 일에 있어서 특별히 성령님의 조명이 필요한 이유가 있다. 그것은 아래 성경구절을 보면 알 수 있다.

> 고린도후서 3:14 • 복음을 깨닫지 못하는 이유 ① 율법주의
>
> 그러나 그들의 마음이 완고하여 오늘까지도 구약을 읽을 때에 그 수건이 벗겨지지 아니하고 있으니 그 수건은 그리스도 안에서 없어질 것이라

• 유대인들이 구약을 읽을 때 깨닫지 못하는 이유?
수건이 덮여 있기 때문이라는 것이다. 정말 그렇다. 유대인이 구약을 읽으면서 어떻게 예수님을 발견하지 못하는지 모르겠다. 바울은 수건이 덮고 있기 때문이라는 것이다. 유대인들만 그런가?

고린도후서 4:3-4 • 복음을 깨닫지 못하는 이유 ② 사탄이 마음을 혼미케 함

3만일 우리의 복음이 가리었으면 망하는 자들에게 가리어진 것이라 4
그 중에 이 세상의 신이 믿지 아니하는 자들의 마음을 혼미하게 하여 그리스도의 영광의 복음의 광채가 비치지 못하게 함이니 그리스도는 하나님의 형상이니라

- 복음을 깨닫지 못하는 이유?
  복음이 망하는 자들에게는 가리어져 있기 때문이다.
- 왜 가리어져 있는가?(고후 4:4)
  "그 중에 이 세상의 신이 믿지 아니하는 자들의 마음을 혼미하게 하여 그리스도의 영광의 복음의 광채가 비치지 못하게 함이니 그리스도는 하나님의 형상이니라" 사단이 그 마음을 혼란하게 만들어서 깨닫지 못하는 것이다.
- 성경공부 하던 중에 "그런데 목사님 성령님의 역사는 언제부터 시작되었습니까? 왜요? 성령님의 역사(歷史)라면서요?" 참 안 깨닫기로 작정한 사람이 있는 것 같다.

요한복음 14:26 • 보혜사 성령이 말씀을 생각나게 하심

보혜사 곧 아버지께서 내 이름으로 보내실 성령 그가 너희에게 모든 것을 가르치고 내가 너희에게 말한 모든 것을 생각나게 하리라

- 예수님이 무엇을 보내 주신다고 약속했는가?
  보혜사 성령님. 그가 오시면 모든 것을 생각나게 하신다고 했다. 요한복음 16장 8절에 보면 보혜사가 와서 죄에 대하여, 의에 대하여, 심판에 대하여 깨닫게 하신다고 했다. 죄를 깨닫는 것도 성령님의 역사가 아니면 안 된다. 그렇게 교회생활 오래 했는데도(30년 동안 다닌) "제가 왜 죄인입니까?"라고 질문하는 자도 있다.
- 성령님이 깨닫게 해 주지 않으면 죄인이라는 사실이 그렇게도 깨달아지지 않는 것이다.
- 그래서 시편 기자는 성경을 열 때마다 다음과 같이 말했다.

시편 119:18 • 성령의 조명

내 눈을 열어서 주의 율법에서 놀라운 것을 보게하소서

시편 119:130

주의 말씀을 열면 빛이 비치어 우둔한 사람들을 깨닫게 하나이다

• 이것이 바로 성령님의 조명의 사역이다. 우리가 성경 말씀을 접근할 때는 언제든지 성령님의 도우심을 구하며 접근해야 한다.

♣성경을 대할 때의 태도

① 성경의 권위를 다른 모든 권위보다 존중해야 한다.

② 늘 성령님의 도우심을 입어 성경을 읽고 성경을 공부해야 한다.

③ 세 번째로 더 중요한 것은 이것이다. 성경을 지식으로 받아들이면 안 되고 우리 삶의 모든 영역에 적용하기 위해, 이 말씀대로 살아가기 위해 성경을 접근해야 한다.

3. 성경은 우리의 삶의 모든 영역에 적용되어져야 한다.(딤후 3:16-17)

디모데후서 3:16-17

16모든 성경은 하나님의 감동으로 된 것으로 교훈과 책망과 바르게 함
과 의로 교육하기에 유익하니 17이는 하나님의 사람으로 온전하게 하
며 모든 선한 일을 행할 능력을 갖추게 하려 함이라

* 성경의 역동적 4기능

1) 교훈 2) 책망 3) 교정 4) 의로 교육

• 성경은 ① 우리를 교훈한다. ② 책망한다. 그렇다면 성경 읽을 때 책망을 좀 받아야 한다. ③ 바르게 함, 즉 성경을 통해 교정이 되어야 한다. ④ 다

시 의의 길에 서서 걸어가게 한다. → 우리를 온전하게 하고, 또 우리의 행하는 모든 일들을 온전하게 만든다.

- 성경을 읽을 때, 연구할 때, 공부할 때 항상 무슨 목적으로 해야 하는가?
하나님의 사람으로서 내 인격이 온전해져야 한다. 내 삶이 바뀌기 위해서, 내 인생이 바뀌기 위해서 성경을 접근해야 한다. 이렇게 할 때 우리는 성경을 사랑하는 사람, 성경에 의해서 살아가는 사람이 된다. 침례교인은 성경을 소중히 여긴다. 머리만 커지는 것이 아니라 정말 하나님의 말씀으로 살기를 원하는 사람이 될 때 침례교회가 지녀 온 아름다운 역사, 성경을 무엇보다도 소중하게 여기는 전통 위에 서 있는 아름다운 하나님의 사람이 될 것이다.
- 성경을 보면 볼수록 성경이 나를 변화시켜준다.

"성경은 당신을 죄로부터 멀리하게 만들든지, 죄는 당신을 성경으로부터 멀리하게 만든다." – C. S. 루이스

IIIIIIIII 결론 IIIIIIIII

1677년에 발표된 제2차 런던 신앙고백서 제 1조에는 초기 침례교인들의 성서에 대한 믿음이 다음과 같이 잘 표현되어 있다.

"성경은 구원받게 하는 지식과 믿음과 순종에 있어서 충족하고 확실하며 오류 없는 유일의 규범인 것을 믿습니다."

- 이것을 믿으신다면 침례 교회의 회원이 될 자격이 있다. 믿는가?
오늘 우리는 침례교회의 성경에 대한 신앙고백을 공부했다. 성경은 단순히 종교적 지식을 풍부하게 하는 책은 아니다. 나의 구원을 좌우하는 성경, 이 성경이 오늘 내 삶을 하나님의 사람으로 온전케 하는 생명의 말씀을 살펴보았다. 이 말씀의 권위에 서서 우리의 삶을 만들고 인생을 만들고 우리 한 평생을 살고자 하는 것이 복음적 그리스도인, 침례교도라는 이름을 가졌던 교파의 역사적 고백이었다.

기도 : "하나님, 제가 참으로 우리 교회 안에서 신앙 생활하는 동안 이 위대한 말씀, 성경의 진리 위에 내 삶을 굳게 세우고 하나님의 말씀의 지배를 받는 삶을 살아갈 수 있도록 도와주소서. 우리 신앙의 고백의 의미를 확인하게 하셨사오니, 참 아름다운 주의 백성으로서 공동체를 견고하게 하옵소서. 이 말씀이 심령 깊은 곳에서 소망이 되고 능력이 되어 흔들림이 없도록 도와주옵소서. 이 위대하고 놀라운 하나님의 말씀에 의해서 내 삶을 만들며 주님을 영화롭게 하는 삶을 살아갈 수 있도록 인도하소서."

〈 암송 요절 〉

16모든 성경은 하나님의 감동으로 된 것으로 교훈과 책망과 바르게 함과 의로 교육하기에 유익하니 17이는 하나님의 사람으로 온전하게 하며 모든 선한 일을 행할 능력을 갖추게 하려 함이라(디모데후서 3:16-17)

과제

이 시간에 배운 "성서의 절대적 권위"의 내용을 150자 이내 다섯줄 정도로 요약해 오십시오.

제 2 장

우리는
"중생의 필요"와
"예수 그리스도의 주님 되심"을
믿습니다

제 2 장

우리는 "중생의 필요"와 "예수 그리스도의 주님 되심"을 믿습니다

서론에서 살펴본 것처럼 장로교가 "하나님의 주권"을, 감리교가 "인간의 책임"을 강조하는 것이 두드러진다면, 침례교는 "중생(거듭남)의 필요성"을 역설하는 개신교파로 알려져 왔다. 그러나 중생의 진리는 비단 침례교 뿐 아니라 모든 복음적 교회의 설교와 가르침의 가장 중요한 주제이었다. 이는 근본적으로 성경이 강조하는 교리이기 때문이다.

- 어떤 사람은 교회에 오래 다니면서도 중생(重生)을 모르는 자들이 있다. 심지어는 불교의 중생(衆生, 구제의 대상)과 혼동하는 분도 있다. 불교에 다니다 오신 어떤 분이 "교회에서도 불교에서 강조하는 것과 똑같이 하는구나. 그래서 안내하시는 분이 '절로 가세요, 절로 가세요 하며 절로 다 인도하는구나." 불교 다니다 교회 나온 지 얼마 안 된 어떤 성도 분이 담임목사님 방에 들어오시더니 "주지 목사님 어디 가셨습니까?" 하더란다.
- 중생이라는 말은 거듭난다, 새롭게 난다는 말이다. 신생(新生)의 교리라고도 한다.

  중생의 진리는 모든 복음적 교단이 강조하는 교리이다. 중생을 많이 강조하는 교단은 침례교를 제외하고 아마도 성결교회일 것이다. 성결교회 나가신 분? 성결교회의 4대 교리가 무엇인가? 중생, 신유, 성결, 재림이다. 첫 번째로 강조하는 것이 중생이다. 거듭나야 한다는 것을 침례교회가 많이 강조했는데 그만큼 중생의 교리를 역사적으로 강조해 온 전통이 있기 때문이다. 그러나 중생의 진리는 비단 침례교뿐 아니라 모든 복음적 교회의 설교와 가르침의 가장 중요한 주제이었다. 이는 근본적으로 성경이 강조하는 교리이기 때문이다.

그러면 중생(重生)이란 무엇인가?

"침례교인의 신앙과 메시지"는 이 교리를 다음과 같이 정의한다.

다 같이 읽어 보자.

"중생 또는 신생은 하나님의 은총으로 이루어지며 예수 그리스도안에서 새로운 피조물이 되는 것이다. 중생은 성령께서 죄에 대한 자각을 통하여 역사하시는 마음의 변화이며 죄인은 하나님께 회개하고 주 예수 그리스도를 믿음으로 응답한다. 회개와 믿음은 서로 분리시킬 수 없는 은총의 경험이다. 회개는 진심으로 죄에서 떠나 하나님께로 향하는 것이다. 믿음이란 예수 그리스도를 영접하고 자신의 전 존재를 주인되시며 구세주가 되시는 그 분께 맡기는 것이다."

- 회개와 믿음에 대한 지속적인 강조, 거듭남의 강조는 성서가 가르치고 있는 가장 기본적인 가르침이다.

Ⅰ. 중생의 필요성

1. 개선이냐? 중생이냐?

개선은 부분적 교정이지만, 중생은 근본적 변화(새창조)를 뜻한다.

- 중생을 정의하는 데 있어서 중생과 가장 비슷한 단어이면서도 중생이 아닌 것을 구별해 냄으로써 중생의 뜻이 무엇인지를 이해할 필요가 있다.
- 거듭남은 일순간이지 점진적인 것이 아니다.
  어떤 장로님은 "오늘도 우리를 거듭나게 하시고"라고 기도하는 자도 있다. 거듭남의 개념도 이해를 못하고, 자기 자신이 거듭났는지의 고백도 없고 확신도 없는 경우가 한국교회의 가장 중요한 문제이다. 이것은 거듭남의 문제를 기본적으로 오해하기 때문이다. 거듭남은 개혁도, 수선도, 개선도, 보다나은 인간이 되어가는 과정도 아니다.
- 이미 중생의 정의에서 나온 것처럼 그리스도 안에서 새로운 피조물이 되는 것이 중생이다. 중생은 새롭게 창조된 것이다.
  이것이 중생의 정의의 핵심이다. 고후 5:17의 **"새로운 피조물"**은 새롭게 창조된(new creation) 존재라는 것이다. 창조와 개선은 다르다. 개선은 바꾸어 가는 것이고 발전시키는 것이다. 중생은 전혀 다른 새로운 존재가 되는 것이다. 중생은 새로운 창조이다.
- 새롭게 지음 받은 것
  갈 6:15에도 그 사실이 강조되어 있다. **"할례나 무할례가 아무 것도 아니로되 오직 새로 지으심을 받는 것만이 중요하니라"** 기독교 신앙의 본질은 무엇이냐? 할례를 받느냐? 안 받느냐?는 것은 본질이 아니다. 할례는 매우 중요한 것으로 하나님의 백성이 되는 언약의 표시였다. 그럼에도 불구하고 어떤 의식에 참여하는 것이 기독교의 본질은 아니다. 기독교의 본질은 오직 그리스도안에서 새롭게 지으심을 받았느냐이다. 그리스도 안에서 새로운 창조물이 되었는가? 이다.

구원 도전: 구원받으셨습니까? 중생하셨습니까?

2. 중생의 필요성(요 3:1–6)

요한복음 3:1–6

[1]그런데 바리새인 중에 니고데모라 하는 사람이 있으니 유대인의 지도
자라 [2]그가 밤에 예수께 와서 이르되 랍비여 우리가 당신은 하나님께
로부터 오신 선생인 줄 아나이다 하나님이 함께 하시지 아니하시면 당
신이 행하시는 이 표적을 아무도 할 수 없음이니이다 [3]예수께서 대답
하여 이르시되 진실로 진실로 네게 이르노니 사람이 거듭나지 아니하
면 하나님의 나라를 볼 수 없느니라 [4]니고데모가 이르되 사람이 늙으
면 어떻게 날 수 있사옵나이까 두 번째 모태에 들어갔다가 날 수 있사
옵나이까 [5]예수께서 대답하시되 진실로 진실로 네게 이르노니 사람이
물과 성령으로 나지 아니하면 하나님의 나라에 들어갈 수 없느니라 [6]
육으로 난 것은 육이요 영으로 난 것은 영이니

1) 누가 거듭나야 하는가?	본문의 내용 모든 사람 (니고데모)
2) 왜 거듭 나야 하는가?	본문의 내용 거듭나지 않으면 하나님의 나라와 상관없이 멸망하기 때문
3) 어떻게 거듭날 수 있는가?	본문의 내용 성령의 역사에 순종하여 예수를 구주와 주님으로 믿음

1) 누가 거듭나야 하는가? 모든 사람(니고데모)

- 이 질문에 대답하기 위해서는 예수님이 거듭나야 한다고 한 이 사람이 누구였는가를 알아보면 된다.

  ① 바리새인이었다.

바리새인은 하나님을 믿는가? 안 믿는가? 믿는다. 열심히 믿는가? 시원찮게 믿는가? 열심히 믿는다. 하나님의 율법을 지키는 데 열심이 있는 사람이었다. 이런 사람보고 예수님이 거듭나야 한다고 말씀하신 것이다.

② 이 사람의 이름? 니고데모(니고-뛰어난, 데모-사람 / '뛰어난 사람'의 뜻)

③ 국적은? 유대인이었다. 선민이다.
하나님의 선택된 민족이라는 자긍심을 가지고 있었던 사람이었다. 그런데도 예수님은 거듭나야 한다고 말씀하셨다.

④ 직업은? 관원이었다.(산헤드린-70명의 공의회 의원 조직)
관원은 그 당시 유대 사회의 지도자였다. 그런데도 예수님은 그에게 거듭나야 한다고 말씀하셨다.

⑤ 10절 **"예수께서 그에게 대답하여 이르시되 너는 이스라엘의 선생으로서 이러한 것들을 알지 못하느냐"** 예수님이 이 사람에게 친히 뭐라고 하시는가? 이스라엘의 선생(랍비), 종교적으로 도덕적으로 남을 가르치는 교사였다. 그럼에도 불구하고 예수님은 이 사람에게 거듭나야 한다고 말씀하셨다. 거듭나야 한다면 깡패 같은 사람이 더 나은 사람이 되는 것을 거듭난다고 생각하는데 그런 뜻이 아님을 보여 준다. 그런 정도의 뜻이라면 이 사람은 거듭날 필요가 없는 사람이었다.

• 이 사람은 그 당시 사회에서 충분히 도덕적으로 살고 있었는데도 주님은 이 사람에게 뭐라고 말씀하시는가? 거듭나야 한다고 말씀하신다.
• 한 마디로 이 사람은 무엇을 모르고 있는가? 예수님을 모르고 있는 것이다. 그것이 가장 중요한 핵심이다.

2) 왜 거듭나야 하는가? 거듭나지 않으면 하나님의 나라와 상관없이 멸망하기 때문

• 짤막한 본문에서 세 번씩이나 예수님이 거듭나야 한다고 강조하고 있다.
① 3절 **"사람이 거듭나지 아니하면 하나님 나라를 볼 수 없느니라"**
② 5절 **"물과 성령으로 나지 않으면 하나님 나라에 들어 갈 수 없느니라"**
③ 7절 **"거듭나야 하겠다는 말을 놀랍게 여기지 말라"**
• 이것은 거듭나도 좋고 거듭나지 않아도 좋다는 것이 아니라 반드시 거듭나야 함을 강조하고 있는 것이다.
• 거듭나지 않으면?
3절 하나님 나라를 볼 수 없고, 5절 하나님 나라에 들어 갈 수 없기 때문이다. 예수님과 니고데모와의 거듭나야 한다는 대화의 결론 부분에서 결론적

으로 주어진 말씀이 요 3:16이다.

- 거듭난 결과는 영생이다. 거듭나지 않으면? 멸망이다. 멸망하지 않으려면 거듭나야 한다.

3) 어떻게 거듭날 수 있는가? 성령의 역사에 순종하여 예수를 구주와 주님으로 믿음

- 이 질문에 대한 단순한 대답을 요 3:14-15절에서 발견할 수 있다. **"모세가 광야에서 뱀을 든 것 같이 인자도 들려야 하리니 이는 그를 믿는 자마다 영생을 얻게 하려 하심이니라"** 이스라엘 백성들이 뱀에 물렸는데 낫지를 않았다. 그래서 백성들이 모세에게 살려 달라고 부르짖었고, 모세는 하나님께 기도했고, 하나님은 모세에게 어떤 처방을 말씀하셨는가? 장대 끝에 놋 뱀을 매달고 외치라. 그것을 쳐다보는 사람은 살리라. 그래서 모세는 외쳤다. 그러나 어떤 사람들은 내가 별 수단을 다 써도 안 낫는데 장대 끝에 달린 놋 뱀을 쳐다본다고 사느냐고 거절했다.
- 그러나 어떤 단순한 마음을 가진 사람들은 바라 본 순간 나았다. 바라보았다는 것은 믿음이다. 믿음으로 바라본 것이다. 하나님이 모세를 통하여 말씀하신 것이니 내가 하나님의 말씀대로 해보겠다고, 본 사람은 나았다. 그런 역사적 사건을 회고해 보면서 모세가 광야에서 놋 뱀을 든 것 같이 인자도 들려야 하리니.
- 예수님은 어디서 들리셨는가? 십자가에서. 마치 뱀에게 물린 사람들이 살 길이 없던 것처럼 죄로 말미암아 사탄에게 물려 있는 자들은 죄에 대한 치유책이 없다. 나을 길이 없다. 착한 일을 해 보자. 최선을 다 해 보자. 그러나 그 정도 가지고는 인간의 죄 문제가 해결되지 않는다. 그렇다면 예수님이 오실 필요가 없었다. 그래서 하나님이 구원의 처방을 예수님이 십자가에 못 박혀서 우리 죄를 담당하시고 죽게 하시고 사흘 만에 부활하게 하셨다.
- 그 예수 그리스도를 바라보는 사람마다 살리라. 이것이 단순한 복음이다. 그렇다. 예수님만이 나를 구원할 수가 있다. 그 누구도 나를 구원할 수 없다. 그 예수님을 자신의 구주와 주님으로 믿는 순간 죄 사함을 받고 영원한 생명을 선물로 받는다. 그 순간 거듭나는 것이다. 느낄 수 없어도 거듭난 것이다.
- 예수 그리스도를 영접한 사람은 거듭난 것인가? 거듭날 것인가? 거듭난 것이다. 근데 사람들에게 그것이 왜 그렇게 어려운지 모른다. 교회를 평생 나가도 이 진리를 모르는 사람들이 너무 너무 많다. 한국교회가 얼

마나 단순한 복음의 기초가 없는가를 알 수 있다.

"당신은 거듭났는가?"

3. 중생의 결과

1) 하나님과의 관계(Relationship) 그리고 교제(Fellowship)가 시작된다.(롬 8:14-15)

로마서 8:14-15

14 무릇 하나님의 영으로 인도함을 받는 사람은 곧 하나님의 아들이라
15 너희는 다시 무서워하는 종의 영을 받지 아니하고 양자의 영을 받았
으므로 우리가 아빠 아버지라고 부르짖느니라

- 살아계신 하나님과의 진정한 관계가 성립되고 하나님과의 교제가 시작된다. 롬 8:14-15 **"무릇 하나님의 영으로 인도함을 받는 사람은 곧 하나님의 아들이라 너희는 다시 무서워하는 종의 영을 받지 아니하고 양자의 영을 받았으므로 아빠 아버지라 부르느니라"**
- 우리가 양자의 영, 우리를 하나님의 자녀 되게 하시는 그리스도의 영을 받아들임으로 하나님을 어떻게 부르게 되는가?
  아빠 아버지. 예수 그리스도를 영접하고 하나님을 아버지라고 부르는 순간에 하나님과의 교제, 관계, 인도함을 받는 삶이 시작되는 것이다.

2) 지식, 감성, 의지 즉 인격이 새로워진다.(골 3:10 외)

- 우리의 인격이 변화됨으로 거듭나는 것이 아니고, 거듭남으로써 우리의 인격에 변화가 온다.
- 우리의 지식의 세계에도, 감정의 세계에도, 의지의 세계에도 변화가 오기 시작한다.

골로새서 3:10 ① 지식도 새로워진다.

새 사람을 입었으니 이는 자기를 창조하신 이의 형상을 따라 지식에까지 새롭게 하심을 입은 자니라

- 하나님을 알게 되고, 영원을 알게 되고, 하나님 마음을 알게 되고, 그런 것들을 더 추구하는 등 우리의 지적 세계에 변화가 오게 된다.

갈라디아서 5:24 ② 감정의 세계도 달라진다.

그리스도 예수의 사람들은 육체와 함께 그 정욕과 탐심을 십자가에 못 박았느니라

- 우리의 감정을 지배하고 있던 욕심이 당연히 변화된다. 전에는 없었던 새로운 감정, 새로운 열망을 갖게 된다. 하나님을 사랑하고 싶어지고, 주께 내 삶을 드리고 싶어 하고, 주님을 슬프게 하면 내 가슴이 아파지고, 이것은 다 전에는 없었던 새로운 감정적 표현이다. 새로운 정적 세계가 열려진다.

요한일서 3:9 ③ 의지의 세계에도 변화가 생긴다.

하나님께로부터 난 자마다 죄를 짓지 아니하나니 이는 하나님의 씨가 그의 속에 거함이요 그도 범죄하지 못하는 것은 하나님께부터 났음이라

- 거듭난 사람마다 죄를 짓지 아니한다는 것은 죄를 안 짓는다는 말이 아니다.
- 본래 원문의 뜻은 거듭난 사람이라면 계속하여 죄 가운데 머물러 있을 수 없다는 말이다.
  그 안에 성령이 거하시기 때문에 불편해서 못 견딘다. 죄를 토해내지 않고 죄 가운데 지속적으로 거할 수 없다.
- 그러나 죄를 짓느냐 안 짓느냐는 결국 의지적 결단이다. 내가 죄를 거부하는 것은 새로운 의지의 결단에 따라서 가능한 것이다. 이렇게 의지의 세계에도 변화가 온다.

3) 하나님을 기쁘시게 해드리는 인격으로 변화되어 간다.(롬 8:8)

• 롬 8:8을 보자. 거듭나기 이전의 상태를 말해 주고 있다.

> 로마서 8:8
>
> 육신에 있는 자들은 하나님을 기쁘시게 할 수 없느니라

＊ 이런 변화를 기독교 교리는 성화(聖化, Sanctification)라고 일컫는다.

• 중생은 성화의 시작이다.
• 이것은 전에는 절대로 못하던 것이다. 거듭나지 않고는 할 수 없는 일이다.
• 하나님의 영이 없을 때는 하나님을 기쁘시게 할 수 없다.
주의 영이 내주한 다음에 가장 큰 열망은 하나님을 기쁘시게 해드리는 것이다.

4) 하나님을 기쁘시게 하는 새 삶 곧, 선한 삶을 살 수 있다.(엡 2:10, 고후 5:17)

> 에베소서 2:10
>
> 우리는 그가 만드신 바라 그리스도 예수 안에서 선한 일을 위하여 지으심을 받은 자니 이 일은 하나님이 전에 예비하사 우리로 그 가운데 행하게 하려 하심이니라

• 하나님이 기뻐하시는 일이 선한 일이다.
• 선행을 함으로써 거듭나는가?
아니다. 거듭났기 때문에 선행을 하게 되는 것이다.
• 왜 새로운 작품이 되었는가?
그리스도 예수 안에서 선한 일을 하라고. 이 선한 일은 하나님이 전에 예비하사 우리로 그 가운데서 행하게 하려는 것이다. 거듭난 사람은 자연스럽게 하나님이 기뻐하시는 선한 일을 하면서 살아야 하고 할 수 밖에 없다. 이것이 거듭난 결과이다.

• 거듭난다는 것이 얼마나 중요한가?
신앙생활의 가장 기초적인 과제이면서도 가장 중요한 과제이다. 이것은 아무리 강조해도 지나친 강조가 아니다. 왜? 교회에 평생 나가도 거듭나지 못하고 지옥 가는 사람이 제일 불쌍한 사람이다. 아무리 강조해도 지나치지 않은 중요한 강조는 거듭났는가이다.

> 고린도후서 5:17
> 그런즉 누구든지 그리스도 안에 있으면 새로운 피조물이라 이전 것은 지나갔으니 보라 새 것이 되었도다

"하늘나라의 입구에는 다음과 같은 경구가 기록되어 있을 것이다."

"오직 거듭난 자만!"

– 마르틴 루터(Martin Luther)

이 사실에 대한 확신은 침례교회의 회원권 개념에도 영향을 미치기 마련이다.

침례교회의 회원권(Membership)은 출석 기간이나 부모의 의지와 관계없이 중생(Regeneration)을 고백한 신자들에게만 주어진다. 이것은 교회의 순결을 유지하기 위한 침례교인들의 중요한 신앙적 관심이었다. "중생한 사람들만의 교회 회원권"(Regeneration church membership)은 생명이 있고 복음적이고 선교적인 침례교회 형성에 기여한 중요한 요인이었다.

Ⅱ. 예수님의 주님 되심

중생한 신자들의 삶에서 가장 중요한 부분은 예수 그리스도의 주권에 자신의 삶을 드리는 일이다. 그리스도인의 삶과 신앙의 가장 중요한 열쇠는 "예수 그리스도의 주님 되심"(The Lordship of Jesus Christ)에 대한 이해와 적용이며 기독교 교리의 기초는 실로 예수께서 주와 그리스도 되신다는 사실에 있다.

1. 기독교의 근본 메시지

* 다음의 말씀을 자신의 말로 설명하고 요약해 보라.(행 2:36)

> 사도행전 2:36 예수는 주와 그리스도
>
> 그런즉 이스라엘 온 집은 확실히 알지니 너희가 십자가에 못 박은 이 예수를 하나님이 주와 그리스도가 되게 하셨느니라 하니라

- 예수가 주와 그리스도라는 것이 베드로의 오순절 설교의 결론이다.
  예수님의 인간적 이름은 예수이다. 그리스도는 이름이 아니라 직함이다.
- 그리스도의 뜻은 기름부음을 받으신 자
- 이스라엘은 기름부음을 받은 왕(다스림), 제사장(백성들을 대신해서 속죄의 제사 드림), 선지자(백성들을 진리 가운데로 인도하는 자). 이 세 사람만 있으면 근본 문제가 해결되었다. 그러므로 이스라엘은 하나님이 기름부어 주신 왕, 선지자, 제사장의 역할을 한꺼번에 담당할 수 있는 메시야를 기다렸다. 이것을 다른 말로 하면 구주(Savior)라고 할 수 있다. 메시아와 그리스도는 똑같은 말이다.
- 제자들이 3년 동안 따라다녔던 그 예수가 바로 그리스도임을 고백하게 된

것이다.

- **"주는 (그) 그리스도시요 살아계신 하나님의 아들이시니이다"**(마 16:16)
  이 고백을 들은 예수님은 너무 좋아하셨다. 왜? 이것이 기독교의 근본 메시지이기 때문이다. 이것은 침례교회만 강조하는 것은 아니다. 모든 교파가 다 강조한다.
- 이것을 강조하지 않으면 기독교인가?
  아니다. 침례교회는 이것이 가장 근본 메시지임을 알았기 때문에 예수가 그리스도 되심을 믿고 따랐다.
- 침례교인으로 세계적으로 제일 유명한 빌리 그래함이 강조하는 핵심 "예수는 그리스도이십니다."

2. 성경의 근본 메시지

1) 만유의 주되신 그리스도(행 10:36, 골 1:16)

> 사도행전 10:36 모든 것의 주인
>
> 만유의 주되신 예수 그리스도로 말미암아 화평의 복음을 전하사 이스라엘 자손들에게 보내신 말씀

- 예수 그리스도가 만유의 주이시다. 모든 것의 주님이시다.

> 골로새서 1:16
>
> 만물이 그에게서 창조되되 하늘과 땅에서 보이는 것들과 보이지 않는 것들과 혹은 왕권들이나 주권들이나 통치자들이나 권세들이나 만물이 다 그로 말미암고 그를 위하여 창조되었고

- 만물의 창조주

2) 예수 그리스도의 주되심(골 1:14-18, 빌 2:6-11)

골로새서 1:14-18 구속주, 창조주, 섭리주, 교회의 주인

[14]그 아들 안에서 우리가 속량 곧 죄 사함을 얻었도다 [15]그는 보이지 아
니하는 하나님의 형상이시요 모든 피조물보다 먼저 나신 이시니 [16]만
물이 그에게서 창조되되 하늘과 땅에서 보이는 것들과 보이지 않는 것
들과 혹은 왕권들이나 주권들이나 통치자들이나 권세들이나 만물이
다 그로 말미암고 그를 위하여 창조되었고 [17]또한 그가 만물보다 먼저
계시고 만물이 그 안에 함께 섰느니라 [18]그는 몸인 교회의 머리시라 그
가 근본이시요 죽은 자들 가운데서 먼저 나신 이시니 이는 친히 만물
의 으뜸이 되려 하심이요

- 중요한 3 단어 : **속량(14), 창조(16), 함께 섰느니라(17)**
- "만물이 그리스도 안에서 서 있다"는 것은 그리스도 때문에 섭리되고 있다는 의미이다.
  예수님은 구속의 주님, 창조주, 섭리주, 교회의 주인이시다.
- 예수님이 어떤 의미에서 주님인가를 말할 때는 이 네 가지를 강조해야 한다. 예수님은 구속의 주, 우리를 창조하신 분(예수님을 통해서 만물을 창조), 창조한 만물을 붙들고 계신 분(섭리의 주), 그 만물 가운데 인간을 구속하셔서 구원받은 자들을 교회의 지체가 되게 하신 분, 그 예수님이 교회를 붙들고 계신다.

빌립보서 2:6-11 우리 모든 삶의 주인

6그는 근본 하나님의 본체시나 하나님과 동등됨을 취할 것으로 여기
지 아니하시고 7오히려 자기를 비워 종의 형체를 가지사 사람들과 같
이 되셨고 8사람의 모양으로 나타나사 자기를 낮추시고 죽기까지 복종
하셨으니 곧 십자가에 죽으심이라 9이러므로 하나님이 그를 지극히 높
여 모든 이름 위에 뛰어난 이름을 주사 10하늘에 있는 자들과 땅에 있
는 자들과 땅 아래에 있는 자들로 모든 무릎을 예수의 이름에 꿇게 하
시고 11모든 입으로 예수 그리스도를 주라 시인하여 하나님 아버지께
영광을 돌리게 하셨느니라

- 모든 입으로 예수 그리스도를 주라 시인하는 것은 기독교 신앙고백의 핵심이다.
- 그리스도의 구주되심과 주님 되심은 분리될 수 없다.
- 예수님을 주라고 믿는다고 말하는 것은 별 의미가 없다. 그 예수님이 우리의 삶의 주님이 되셔야 한다.

결론

예수 그리스도는 우리 삶의 주가 되셔야 한다.

- 그리스도가 오늘도 나의 삶에서 주인이신가? 이것이 중요한 것이다.
  로버트 멍어의 「내 마음 그리스도의 집」: 우리 마음에는 여러 방들이 있는데 이 방의 열쇠를 다 누구께 드려야 하는가? "모든 것 다 주님의 뜻대로 할게요. 단 이 방만" 하지 말고요. 다 주님께 드려야 한다.

3. 예수님의 도전

누가복음 9:23

또 무리에게 이르시되 아무든지 나를 따라오려거든 자기를 부인하고 날마다 제 십자가를 지고 나를 따를 것이니라

* 다음의 말씀이 나의 날마다의 생활에서 어떻게 적용되어야 할 것인가를 기록해 보라.

구 절	내 용	주재권의 해당 영역
롬 14:7-9	삶과 죽음의 이유	삶과 죽음의 주인이시다
엡 1:20-23	교회를 통치 만물의 통치	만물과 교회의 주인
눅 6:46-49	말과 행동의 일치	말과 행함의 주인
고전 6:19-20	몸은 하나님의 성전	몸의 주인

로마서 14:7-9 그리스도는 우리의 삶과 죽음의 주인이시다.

7우리 중에 누구든지 자기를 위하여 사는 자가 없고 자기를 위하여 죽
는 자도 없도다 8우리가 살아도 주를 위하여 살고 죽어도 주를 위하여
죽나니 그러므로 사나 죽으나 우리가 주의 것이로다 9이를 위하여 그
리스도께서 죽었다가 다시 살아나셨으니 곧 죽은 자와 산 자의 주가
되려 하심이라

- 예수님을 주라고 고백하는 맥락

  내 삶과 죽음의 이유가 예수님이어야 한다는 것. 오늘도 예수님 때문에 살고 있는가? 예수님이 여러분의 삶의 이유가 되고 있는가?

에베소서 1:20-23 그리스도는 교회의 주인이시다.

[20]그의 능력이 그리스도 안에서 역사하사 죽은 자들 가운데서 다시 살
리시고 하늘에서 자기의 오른편에 앉히사 [21]모든 통치와 권세와 능력
과 주권과 이 세상뿐 아니라 오는 세상에 일컫는 모든 이름 위에 뛰어
나게 하시고 [22]또 만물을 그의 발 아래에 복종하게 하시고 그를 만물
위에 교회의 머리로 삼으셨느니라 [23]교회는 그의 몸이니 만물 안에서
만물을 충만하게 하시는 이의 충만함이니라

- 하나님이 예수님을 죽음에서 부활하시고 승천하게 하셔서 하나님 우편에 앉게 하셨다. 그리고 그 예수님으로 하여금 모든 만물을 다 다스리게 하셨다.
- 특별히 만물을 다스리게 하시는데 22절 이하에 보면 만물 위에 교회를 두셨고, 예수님이 교회의 머리가 되셔서 교회를 통해서 만물을 다스리게 하셨다. 이것은 엄청난 일이다. 우리를 위해 죽으시고 부활하시고 승천하신 예수님을 통해서 지금도 만물을 다스리게 하신다.
- 이 만물 가운데 하나님의 뜻을 이루기 위한 가장 중요한 공동체로 교회를 주시고 교회를 통해서 만물 속에 하나님의 뜻을 이루어 나가신다.
- 예수님께서 교회를 통해 만물을 다스리고 있다면 내가 그 교회의 지체가 되었다는 것은 얼마나 어머 어마한 일인가? 오늘 교회가 세상 가운데서 신뢰를 잃어버리고 교인들조차도 교회의 영광과 가치를 격하시키는 시대 속에서 살고 있다. 그러나 하나님에게는 다른 대안이 없다. 다만 교회를 통해서 역사하신다. 교회보다 중요한 것이 없다.
- 교회의 머리가 되신 그리스도를 주로 삼는 삶을 살려면 중요한 것이 무엇인가?
  내가 교회의 지체로서 성실하게 교회의 머리되신 그리스도의 명령 앞에 날마다 복종하는 것이다.

누가복음 6:46-49 그리스도는 우리의 삶(행함)의 주인이시다.

[46]너희는 나를 불러 주여 주여 하면서도 어찌하여 내가 말하는 것을 행
하지 아니하느냐 [47]내게 나아와 내 말을 듣고 행하는 자마다 누구와 같
은 것을 너희에게 보이리라 [48]집을 짓되 깊이 파고 주추를 반석 위에
놓은 사람과 같으니 큰 물이 나서 탁류가 그 집에 부딪치되 잘 지었기
때문에 능히 요동하지 못하게 하였거니와 [49]듣고 행하지 아니하는 자
는 주추 없이 흙 위에 집 지은 사람과 같으니 탁류가 부딪치매 집이 곧
무너져 파괴됨이 심하니라 하시니라

- **"너희는 나를 불러 주여 주여 하면서도 어찌하여 내가 말하는 것을 행하지 아니하느냐?"**
- 정말 예수님을 주님으로 삼으려면 말만이 아니라 행함으로 모든 것의 주인의 자리를 내어 드려야 한다. 가정일, 사업일, 자녀, 결혼 등

고린도전서 6:19-20 그리스도는 육체의 주인이시다.

[19]너희 몸은 너희가 하나님께로부터 받은바 너희 가운데 계신 성령의
전인 줄을 알지 못하느냐 너희는 너희 자신의 것이 아니라. [20]값으로
산 것이 되었으니 그런즉 너희 몸으로 하나님께 영광을 돌리라

- 이것은 내 육체를 예수 그리스도께 복종해야 한다는 것이다.
- 그렇다면 내 육체를 예수 그리스도께 복종해야 한다는 의미가 무엇인가? 일어나라 하면 일어나고, 전도하라 하면 전도하고, 봉사하라 하면 봉사하고, 지쳤으니 쉬라하면 쉬어야 하고, 약해졌으니 건강 관리하라면 그렇게 해야 한다. 구체적으로 순종해야 한다.
- 침례교인으로서 가장 중요한 핵심의 두 번째가 무엇인가? 우리는 예수 그리스도의 주님 되심을 믿습니다. 입술만의 신앙고백이 아니라 그리스도가 삶의 진정한 주인이어야 한다.
- 침례교회가 강조하는 것을 공부해 가면서 그리스도가 주되시는 이 진리로

지배받는 삶이되기를 바란다.
주님은 오늘이라는 구체적인 삶의 현장에서 우리가 주님이라고 고백하는 것 뿐 아니라 우리를 통치하고 다스리기를 원하신다.

〈참고도서〉 로버트 멍어, 「내 마음 그리스도의 집」

〈 암송 요절 〉

그런즉 누구든지 그리스도 안에 있으면 새로운 피조물이라 이전 것은 지나갔으니 보라 새 것이 되었도다(고린도후서 5:17)

과제

이 시간에 배운 "거듭남과 예수 그리스도의 주 되심"에 대하여 150자 이내 약 다섯 줄 정도로 요약해 오십시오.

기도: 조용히 기도하며 찬송 부르자.

♪예수는 나의 주 죽음에서 부활하신 나의 구세주.

우리를 위해서 십자가에 죽으시고 장사한지 사흘 만에 부활하셔서 오늘이라는 구체적인 삶의 자리에서 그는 우리에게서 주님이라는 고백을 받기를 원하실 뿐 아니라 우리의 삶을 통치하고 다스리기를 원하신다.

A SERIES OF
TRAINING
BOOK

제 3 장

우리는

"신자의 영원한 안전"을

믿습니다

제 3 장

우리는 "신자의 영원한 안전"을 믿습니다

"그리스도인의 구원은 영원한 것인가? 확고부동한 사실인가? 그 구원은 다시 잃어버릴 수 없는가?"란 질문을 가질 수 있다. 한 사람이 믿고 구원받을 때 그의 구원은 영원히 보장되며 안전하다. 이 교리를 가리켜 "성도의 견인"(Perseverance of the Saints), "궁극 구원의 교리" 혹은 "신자의 영원한 안전"(Eternal Security of Believers)의 교리라고 하기도 한다.

이 때 구원의 안전이라 하면, 구원을 지키는 인간 능력의 효율성 때문이 아니라 하나님이 구원하셨기 때문에 하나님이 구원을 지키신다고 믿는 것을 뜻한다. 어떤 이들은 이에 대한 확신을 "한번 구원받으면 영원히 받은 것"(once saved, always saved)이라는 고백으로까지 표현하기도 하였다.

미국 남침례교회의 "침례교인의 신앙과 메시지"에서는 다음과 같이 선언하고 있다.

"모든 참된 신자들은 끝까지 견딘다(endures to the end). 그리스도 안에서 하나님께서 받아 주시고 성령 안에서 성화된 사람들은 은혜의 상태에서 궁극적으로 떨어지지 않을 것이며 끝까지 인내할 것이다(persevere to the end). 신자들이 나태함과 유혹을 인하여 죄 속에 떨어질 경우 그들은 성령을 근심시키고 주의 은혜와 위로를 물리치고 그리스도의 명예에 상처를 입히고 일시적 심판을 받게 된다. 그러나 구원에 이르는 믿음은 하나님의 능력에 의해 지켜지게 될 것이다."

Ⅰ. 구원상실 여부에 대한 두 가지 입장

- 침례교는 특수침례교와 일반침례교 두 개의 나누어진 캠프가 있었다.
- 특수침례교는 칼빈주의적 입장, 일반침례교는 알미니안적 입장이다.
- 침례교는 특수침례교와 일반침례교 두 가지가 다 있었다.
- 그러나 〈구원관〉에 대해서는 칼빈주의적 입장을 견지해 왔다.

1. 칼빈주의적 입장

구원의 주체는 하나님이시므로 한 번 얻은 구원은 하나님에 의해 지켜지기에 다시 상실될 수 없다.

- 어느 날 무디 선생님이 길을 가다 보니 술 취한 사람이 있었다.
  거지가 무디 선생님을 보고 "무디 선생님 저예요. 저 몰라요?" "내가 기억 못하겠는데 누구시죠?" "무디 선생님 집회에서 구원받은 사람이에요. 선생님이 저를 구원하셨어요." 이 말을 들은 무디 선생은 빙그레 웃으면서 "맞지요. 제가 당신을 구원했기 때문에 당신이 그런 겁니다. 하나님이 당신을 구원하셨다면 당신이 그럴 리가 없어요."
- 구원의 주체는 하나님이시다.
  하나님은 우리를 구원하셨기 때문에 하나님이 우리의 구원을 지켜 주신다. 그러므로 다시는 그 구원을 잃어버릴 수 없다(상실될 수 없다).

2. 알미니안적 입장(감리교나 성결교의 입장)

구원의 보존은 전적으로 인간의 책임 하에 있기 때문에 인간의 불성실로 말미암아 구원을 잃어버릴 수도 있다.

- 구원을 잃어버릴 수 없다고 믿어 온 복음적 그리스도인의 입장에서는 알미니안적 입장이 성경에 대한 곡해 때문이라고 생각한다. 그렇다면 그 곡해의 원인이 무엇인가?

Ⅱ. 알미니안적 곡해의 원인들

1. 구원문제와 상급(보상)문제를 혼동하기 때문이다.(고전 3:10, 14)

고린도전서 3:10, 14

10내게 주신 하나님의 은혜를 따라 내가 지혜로운 건축자와 같이 터를
닦아 두매 다른 이가 그 위에 세우나 그러나 각각 어떻게 그 위에 세울
까를 조심할지니라

14만일 누구든지 그 위에 세운 공적이 그대로 있으면 상을 받고

- 바울 사도는 여기서 그리스도인의 삶을 건축에 비유하고 있다.
  건축에서 첫 번째 중요한 것이 터를 닦는 것이다. **"이 터는 곧 예수 그리스도시라"**(3:11). 우리의 삶의 터전, 신앙의 터전은 예수 그리스도시다. 예수를 믿음으로 신앙생활이 시작된다. 예수님이 우리 삶의 기초이다.
- 그러나 예수를 믿는 신앙생활의 모습이 다 같은가? 다른가?
  다르다. 믿고 어떻게 사느냐는 것은 상당히 다르다. 개인마다 차이가 있다. 똑같은 터전 위에 세워도 집은 달라질 수가 있다. 특별히 짓는 과정에서 재료가 다를 수 있다. 어떤 사람은 금, 은, 보석, 어떤 사람은 짚이나 풀 같은 것들로 집을 짓는 사람도 있다. 그런데 여기 보면 각각 결과가 나타날 것인데 마지막 날에 하나님이 시험을 해본다. 예수를 믿고 어떻게 살았는지 결과를 심판해 보신다. 어떻게? 불로. 무엇부터 탈까? 짚이나 풀부터 탈 것이다. 나무가 탄다. 금이나 은은 남게 된다. **"만일 그 위에 세운 공적이 그대로 있으면 상을 받고 누구든지 그 공적이 불타면 해를 받으리니"**(3:14-15a) 공력이 불타서 해를 받는 사람에게도 이렇게 말한다. **"그러나 자신은 구원을 받되 불 가운데서 받은 것 같으리라"**(3:15b). 왜냐하면 다 타도 남는 것이 하나 있다. 터가 남기 때문이다. 그 터가 예수이다.
- 예수를 믿었으면 무엇을 받는다는 말인가? 구원.
- 그런데 무엇이 없다는 것인가? 상은 하나도 없다는 것이다.

그래서 이 사람이 얻은 구원을 비유컨대 불 가운데서 얻은 구원과 같다는 것이다. 우리가 하나님 앞에 잘못하면 상급을 잃어버릴 수가 있다. 그러나 그것이 구원을 잃어버리는 것은 아니다. 여기서 중요한 것은 이런 사람은 상을 잃어버린다는 것이다. **"해를 받으리니"**는 번역 상에 차이가 있을 수는 있으나 원문에는 상을 잃어버린다는 뜻이다.

- 바울의 두려움 : 상을 잃어버릴 것에 대해(고전 9:27) cf. 9:24
- 무슨 해를 받는지 자꾸 상상해서 만 들어낸 교리가 카톨릭의 연옥 교리이다. 잘못한 것을 거기서 다 처벌 받고 그 다음에 천국 간다는 내용으로 상상에 입각한 교리이다. 이것은 성경의 지지를 받을 수 없다.

2. 구원문제와 교제문제를 혼동하기 때문이다.(요일 1:7–9)

요한일서 1:7–9

7그가 빛 가운데 계신 것 같이 우리도 빛 가운데 행하면 우리가 서로
사귐이 있고 그 아들 예수의 피가 우리를 모든 죄에서 깨끗하게 하실
것이요 8만일 우리가 죄가 없다고 말하면 스스로 속이고 또 진리가 우
리 속에 있지 아니할 것이요 9만일 우리가 우리 죄를 자백하면 그는 미
쁘시고 의로우사 우리 죄를 사하시며 우리를 모든 불의에서 깨끗하게
하실 것이요

- 예수 믿고 살다가 잘못 할 수 있는데 잘못하면 하나님과의 교제는 상실될 수 있는가?
  상실될 수 있다.
- 교제는 상실되도 하나님과의 관계는 상실되지 않는다.
  내가 아버지의 자식으로 태어나면 아버지의 안자식되는 법이 있는가? 내가 아버지의 자식이라는 사실은 영원히 변하지 않는다. 내가 잘못하면 우리 아버지는 "너하고 얘기 안 해. 너 집에 들어오지도 말아라. 꼴도 보기 싫다"고 말할 수 있다. 그것은 교제의 상실이다. 그렇다고 관계가 상실되는 것은 아니다.
- 요한일서 전체는 바로 하나님과 교제의 문제를 다루고 있다.

크리스천들이 죄를 범하면 어떻게 되는가? 요일 1:9을 한 번 외어 보자. **"만일 우리가 우리 죄를 자백하면 그는 미쁘시고 의로우사 우리 죄를 사하시며 우리를 모든 불의에서 깨끗하게 하실 것이요"** 그 전에 7a절을 보면 **"그가 빛 가운데 계신 것 같이 우리도 빛 가운데 행하면 우리가 서로"** 무엇이 있고? **"사귐이 있고"**

- 주님이 빛이시기 때문에 빛이신 주님을 따라 우리도 빛 가운데 거하면 주님과 나 사이에 뭐가 있는가? 사귐(교제). 그런 우리 삶 속에 어둠이 들어오면 이 사귐이 끊어진다. 그 때 이 사귐을 회복하기 위하여 해야 할 일이 무엇인가? 자백이다. 크리스천들이 죄를 범하면 교제는 상실될 수 있다. 그러나 구원이 상실되는 것은 아니다.

3. 참된 신자와 외식적 교인을 동일시하는 혼동 때문이다.(요 13:6–10)

요한복음 13:6–10

6시몬 베드로에게 이르시니 베드로가 이르되 주여 주께서 내 발을 씻
으시나이까 7예수께서 대답하여 이르시되 내가 하는 것을 네가 지금은
알지 못하나 이 후에는 알리라 8베드로가 이르되 내 발을 절대로 씻지
못하시리이다 예수께서 대답하시되 내가 너를 씻어 주지 아니하면 네
가 나와 상관이 없느니라 9시몬 베드로가 이르되 주여 내 발뿐 아니라
손과 머리도 씻어 주옵소서 10예수께서 이르시되 이미 목욕한 자는 발
밖에 씻을 필요가 없느니라 온 몸이 깨끗하니라 너희가 깨끗하나 다는
아니니라 하시니

* 목욕한 자(중생한 신자)와 목욕하지 못한 자

- 성경에 보면 외식적 교인에 대한 엄중한 경고가 많다.
  그들을 멸망 속에 넣겠다는 경고 등. 이것을 보고 믿다가 이렇게 될 수가 있겠구나 하고 착각할 수도 있다. 그러나 그것은 외식적 교인에 대한 경고이지 참된 신자에 대한 경고가 아니다.

• 외식적 교인에 대한 대표적인 예로 가룟 유다의 사례를 생각해 볼 수 있다. 가룟 유다는 결코 구원 받았다가 구원을 잃어버린 샘플로 볼 수 없다. 그는 주님을 따라 다니기는 했다. 주님을 따라 다니는 환경 속에는 참여를 했지만 거듭난 증거가 결코 없다.
• 대표적 증거로서 요 13장을 묵상해 보면 알 수 있다. 요 13장에 예수님이 제자들의 발을 씻겨 주는 사건이 나온다. 베드로 차례가 왔다. **"주여 주께서 내 발을 씻으시나이까"**(6) 예수님이 **"내가 너를 씻어 주지 아니하면 네가 나와 상관이 없느니라"**(8)
• 이것은 단순히 발 씻기는 겸손의 교훈 정도가 아니다. 그 이상의 어떤 의미를 함축하고 있다. 물론 예수님은 겸손의 의미를 가르치려고 했지만 그 교훈과 함께 그보다 더 중요한 요한복음에 나타난 씻김의 교훈은 항상 속죄와 관련이 있다.
• "내가 너를 씻기지 않으면 너는 나와 상관이 없다." 주님은 우리 죄를 씻기러 왔는데 우리가 그 주님에 의해 씻김을 받지 못하면 주님과 나는 상관이 없는 것이다. 그랬더니 베드로가 마음이 변했다. "주여, 내 발뿐 아니라 손과 머리도 씻겨 주옵소서." 몽땅 목욕을 씻겨 주옵소서. 예수께서 가라사대 **"이미 목욕한 자는 발밖에 씻을 필요가 없느니라"**
• 여기서 예수님은 목욕과 발 씻음을 구별하셨다.
목욕한 자는 발만 씻으면 된다. 너희들은 온 몸이 깨끗하다. 그러나 다는 아니다. 다시 말하면 목욕을 중생에 비교하셨다. 11절에 **"이는 자기를 팔자가 누구인지 아심이라"** 목욕을 한 사람에게도 발 씻음은 필요하다. 아무리 목욕을 했어도 밖에 나갔다 오면 제일 먼저 더렵혀지는 것이 발이다. 그래서 발은 다시 씻어야 한다. 발이 더렵혀졌다고 해서 목욕을 다시 하라고 하면 안 된다.
• 다시 말하면 구원받은 사람도 죄를 범할 수 있는가? 없는가?
있다.(다윗과 베드로의 예)
• 그렇다고 구원을 다시 받아야 하는가?
아니다. 죄를 자백하고 씻음을 받으면 된다. 구원을 다시 받거나 거듭나야 하는 것은 아니다.
• 여기서 예수님은 제자들이 대부분 거듭났다는 사실을 인정하셨지만 그 중에 거듭나지 않은 사람이 누구라고 했는가?
유다는 거듭나지 않고 그냥 예수님만 따라 다녔다. 오늘날도 교회 속에 거듭나지 않고 교회당에 참여하고 있는 많은 사람들이 있다. 우리들은 그들을 위해서 기도해야 한다. 참된 신자가 되도록 도와야 한다.

• 한국교회의 문제
"한국교회의 최고의 문제는 명목상의 크리스천이 너무나 많이 있다는 것이다."

4. "거룩한 삶을 범함"에 대한 경고를 구원 상실을 의미하는 것으로 단정하기 때문이다.(히 6:4–6)

히브리서 6:4–6

4한 번 빛을 받고 하늘의 은사를 맛보고 성령에 참여한 바 되고 5하나
님의 선한 말씀과 내세의 능력을 맛보고도 6타락한 자들은 다시 새롭
게 하여 회개하게 할 수 없나니 이는 그들이 하나님의 아들을 다시 십
자가에 못 박아 드러내 놓고 욕되게 함이라

• 거룩한 삶을 살지 못할 때 너희에게 대가가 있다고 하나님은 아주 엄중하게 경고하신다.
이 경고가 너무 엄격할 때가 있다. 그래서 이것이 '혹시 구원을 잃어버린다는 뜻은 아닌가?' 라고 생각되는 구절들이 있다.
• 대표적인 예는 히브리서 6장과 10장을 들 수 있다. 이것은 난해한 본문이다. 그러나 칼빈은 이 말씀을 주해하면서 이런 말을 덧붙였다. 아빠가 자기 아들을 데리고 아슬아슬한 절벽을 걸어 다니면서 이런 말을 한다. "아들아, 너 내 손 꼭 잡아. 내 손 놓으면 떨어져 죽는다." 이 말이 떨어져 죽을 수 있다는 말인가? 그것은 조심하라는 뜻이다. 그리고 그 아이가 안전한 이유는 자기가 엄마 아빠 손을 잡았기 때문에 안전한 것은 아니다.
• 왜 안전한가?
아빠나 엄마가 잡고 있기 때문에 사실은 더 안전한 것이다. 하나님의 주권 때문에 우리의 구원은 안전하다.

Ⅲ. 신자의 영원한 안전의 이유

- 신자의 영원한 안전의 교리를 성경적 교리라고 믿을 수 있는 근거가 무엇일까?
- 큰 제목만 세 가지가 있다.
  구원은 성부 하나님의 사역, 성자 하나님의 사역, 성령 하나님의 사역이기 때문이다.
- 이 세 가지의 결론은 무엇인가?
  구원은 성부, 성자, 성령께서 이루시는 사역이기 때문에 그 구원은 안전한 것이다. 구원의 안전성을 믿는 것이 성서적인 고백이라고 할 수 있다.

1. 구원은 성부 하나님의 사역이기 때문이다.

- 아버지 하나님이 구원을 계획하셨다.
  언제부터? 만세 전. 그리고 하나님이 우리를 구원하사 하나님 앞에 빛나고 아름다운 존재가 되도록 하는 목적을 가지셨다.

1) 구원은 우리를 부르신 하나님의 궁극적 목적과 관련되어 있다. (엡 1:4, 롬 8:30)

- 구원은 하나님의 궁극적 목적, 계획과 관련되어 있다.
  그것이 가장 잘 나온 곳이 어디인가? 엡 1:4에 보면 잘 나와 있다.

> 에베소서 1:4
> 곧 창세 전에 그리스도 안에서 우리를 택하사 우리로 사랑 안에서 그 앞에 거룩하고 흠이 없게 하시려고

> 로마서 8:30
> 또 미리 정하신 그들을 또한 부르시고 부르신 그들을 또한 의롭다 하시고 의롭다 하신 그들을 또한 영화롭게 하셨느니라

- 부르신 자들을 어떻게 하시는가? 의롭다 하심. 의롭다 하신 자들을 어떻게? 영화롭게 하심. 하나님은 우리를 부르신 다음에 의롭다 하시고, 의롭다 하신 다음에 영화롭게 하신다.
- 칼빈은 그것은 'Golden chain'이라고 했다. 황금의 사슬처럼 엮여있다. 부르기는 했는데 의롭다 함을 못 받고, 의롭다 함은 받았는데 영화롭게 못 되는 법은 없다.
- 부르신 자들을 의롭다 하시고, 의롭다 하신 자들을 영화롭게 하시는 것이 구원에 대한 하나님의 궁극적 목적이다.

2) 구원은 하나님의 능력으로 보존되고 있다.(벧전 1:5, 요 10:29)

- 하나님은 구원하시고 그냥 놔두는 것이 아니라 능력으로 우리를 지키신다.

> 베드로전서 1:5
>
> 너희는 말세에 나타내기로 예비하신 구원을 얻기 위하여 믿음으로 말미암아 하나님의 능력으로 보호하심을 받았느니라

- 여기서 **"구원을 얻기 위하여"**라는 것은 구원을 안 얻었기 때문이 아니라 구원의 완성을 의미하는 것이다.
- 완성되기 위하여 하나님은 우리를 어떻게 지키신다? 능력으로 보호하신다.

> 요한복음 10:29
>
> 그들을 주신 내 아버지는 만물보다 크시매 아무도 아버지 손에서 빼앗을 수 없느니라

- 유 24 **"능히 너희를 보호하사 거침이 없게 하시고 너희로 그 영광 앞에 흠이 없이 기쁨으로 서게 하실 이"**
- 우리를 마침내 하나님 앞에 흠이 없이 즐거움으로 서게 하시는 분이 누구인가? 하나님이 그렇게 하신다. 하나님이 우리를 구원하시고, 성화를 도와주시고, 마침내 그 영광 앞에 흠이 없이 즐거움으로 서게 해 주신다. 누가? 하나님이.

3) 구원의 보장은 참 신자에게 주어진 하나님의 약속이다.(요 3:16, 5:24)

요한복음 3:16

하나님이 세상을 이처럼 사랑하사 독생자를 주셨으니 이는 그를 믿는 자마다 멸망하지 않고 영생을 얻게 하려 하심이라

요한복음 5:24

내가 진실로 진실로 너희에게 이르노니 내 말을 듣고 또 나 보내신 이를 믿는 자는 영생을 얻었고 심판에 이르지 아니하나니 사망에서 생명으로 옮겼느니라

4) 구원은 하나님의 영원한 사랑으로 지켜진다.(사 49:15, 요 13:1)

- 하나님이 우리를 자녀 삼아 주시고 사랑하시는데, 그 사랑이 우리가 잘할 때만 사랑하시는가?
  아니다 그것은 조건이 없는 사랑이다. 그것은 영원한 사랑이다.
- 하나님이 나를 영원히 사랑하신다면 지옥에 가도록 버려두실까? 아니다.

이사야 49:15

여인이 어찌 그 젖 먹는 자식을 잊겠으며 자기 태에서 난 아들을 긍휼히 여기지 않겠느냐 그들은 혹시 잊을지라도 나는 너를 잊지 아니할 것이라

요한복음 13:1

유월절 전에 예수께서 자기가 세상을 떠나 아버지께로 돌아가실 때가 이른 줄 아시고 세상에 있는 자기 사람들을 사랑하시되 끝까지 사랑하시니라

2. 구원은 성자 하나님의 사역이기 때문이다.

1) 구원은 그리스도의 죽으심에 근거한다.(히 9:12)

- 우리가 구원받은 것을 잃어버리면 나를 위해 죽으신 것이 헛된 것이 된다.

> 히브리서 9:12
>
> 염소와 송아지의 피로 하지 아니하고 오직 자기의 피로 영원한 속죄를 이루사 단번에 성소에 들 어가셨느니라

2) 구원은 그리스도의 부활에 기초한다.(롬 4:25)

- 우리를 용서하시기 위해 자신을 십자가에 내어 주시고, 우리를 의롭다 하시기 위해서 다시 살아나셨다.

> 로마서 4:25
>
> 예수는 우리가 범죄한 것 때문에 내줌이 되고 또한 우리를 의롭다 하시기 위하여 살아나셨느니라

3) 구원은 그리스도의 승천으로 보장된다.(요일 2:1)

> 요한일서 2:1
>
> 나의 자녀들아 내가 이것을 너희에게 씀은 너희로 죄를 범하지 않게 하려 함이라 만일 누가 죄를 범하여도 아버지 앞에서 우리에게 대언자가 있으니 곧 의로우신 예수 그리스도시라

- 예수님이 우리의 변호사시다.
  우리를 구원하시기 위해 죽으시고 부활하시고 하나님 우편에서 변호사 역할을 하신다. 그런데 구원이 헛되이 될 수가 없지 않은가?

4) 구원은 그리스도의 영원한 사랑으로 보존된다.(롬 8:35–39)

로마서 8:35–39

35누가 우리를 그리스도의 사랑에서 끊으리요 환난이나 곤고나 박해나
기근이나 적신이나 위험이나 칼이랴 36기록된 바 우리가 종일 주를 위
하여 죽임을 당하게 되며 도살당할 양같이 여김을 받았나이다 함과 같
으니라 37그러나 이 모든 일에 우리를 사랑하시는 이로 말미암아 우리
가 넉넉히 이기느니라 38내가 확신하노니 사망이나 생명이나 천사들이
나 권세자들이나 현재 일이나 장래 일이나 능력이나 39높음이나 깊음
이나 다른 어떤 피조물이라도 우리를 우리 주 그리스도 예수 안에 있
는 하나님의 사랑에서 끊을 수 없으리라

- 그리스도의 사랑에서 끊을 수 없기 때문에 구원은 지켜진다.

3. 구원은 성령 하나님의 사역이기 때문이다.

1) 구원은 성령으로 거듭남으로 실현된다.(요 3:5–6)

요한복음 3:5–6 "성령으로 거듭나니"

5예수께서 대답하시되 진실로 진실로 네게 이르노니 사람이 물과
성령으로 나지 아니하면 하나님의 나라에 들어갈 수 없느니라 6육으로
난 것은 육이요 영으로 난 것은 영이니

- 내가 예수 그리스도를 구주와 주님으로 믿는 순간 성령이 우리를 거듭나게 하신다.
  새로운 생명을 주시고 그리스도 안에 속한 자가 되게 하신다. 당신은 성령으로 거듭난 사람인가?

2) 구원은 "성령의 침례(밥티즘)"으로 성취된다.(고전 12:13)

- **"성령으로 침례 받아"**고 할 때 그 말은 주체가 주님이시다.
  주님이 우리에게 성령으로 침례를 주신다.
- 이것은 그리스도인이 능력 있는 삶을 사는 것과 관련이 있다.
- 그러나 그런 의미의 침례와 다른 의미로 쓰여진 구절이 있다.

> 고린도전서 12:13
>
> 우리가 유대인이나 헬라인이나 종이나 자유인이나 다 한 성령으로 침례를 받아 한 몸이 되었고 또 다 한 성령을 마시게 하셨느니라

- 유대인이나 헬라인이나 자유자나 종이나 다, 정확하게 말하면 성령에 의해서 침례를 받아 한 몸이 되었다. 여기서의 성령침례라는 것은 내가 예수 그리스도를 믿는 순간 그리스도의 몸에 나를 연합시키는 것이다. 그래서 다른 모든 성도들과 한 가지로 그리스도 몸의 한 지체가 되는 것이다. 마치 침례를 받을 때 물 속에 들어가서 그리스도와 연합되고 동일시는 것처럼 내가 예수 그리스도를 믿는 순간 성령님이 나를 그리스도의 몸속에 연합시킨다. 이것은 우리의 경험 밖에서 일어나는 것이다. 나는 예수를 믿기만 했는데 성령이 나를 그리스도의 몸에 연합시킨 것이다. 내가 경험한 것은 예수 그리스도를 믿음으로 받아들이는 것이다. 그 순간 성령님이 나를 그리스도의 몸에 연합을 시켜 주는 것이 성령의 침례이다.
- 그러나 흔히 "성령의 침례를 받으십시오"라는 것은 주님이 성령을 우리에게 주셔서 우리가 능력 있는 삶을 살도록 도우실 때 쓰여지는 말이다. 이것은 by와 with의 전치사의 차이다.
- 성령이 나를 그리스도의 몸에 연합시켰다. 그렇다면 성령님이 하신 것이 어떻게 또 떨어질 수가 있겠는가?

3) 구원은 성령의 인치심으로 보장된다.(엡 1:13)

> 에베소서 1:13
> 그 안에서 너희도 진리의 말씀 곧 너희의 구원의 복음을 듣고 그 안에서 또한 믿어 약속의 성령으로 인치심을 받았으니

- 복음을 듣고 믿는 순간 성령으로 인치심을 받았다.
  인치심을 받는 것도 우리가 경험하는 것은 아니다. 예수 믿고 구원받고 거듭나는 것은 내가 경험하는 것이다. 그러나 인치시는 것은 성령이시고 내가 예수 그리스도를 믿는 순간 나에게 인치셨다.
- 인을 쳤다는 것은 소유권을 말하는 것이다.
  우리는 그 순간부터 하나님의 소유이다. 성령님이 도장을 찍었는데 무효가 될 수가 있는가?

4) 구원은 성령의 영원한 내주하심으로 보존된다.(요 14:16-17)

> 요한복음 14:16-17
> 16내가 아버지께 구하겠으니 그가 또 다른 보혜사를 너희에게 주사 영
> 원토록 너희와 함께 있게 하리니 17그는 진리의 영이라 세상은 능히 그
> 를 받지 못하나니 이는 그를 보지도 못하고 알지도 못함이라 그러나
> 너희는 그를 아나니 그는 너희와 함께 거하심이요 또 너희 속에 계시
> 겠음이라

- 주님이 가신 뒤에 성령님을 보내 주신다고 했는데 그 성령님이 얼마동안 우리와 함께 하시는가? 영원토록.
- 어떻게 함께 있는가?
  17절 **"그는 진리의 영이라 세상은 능히 그를 받지 못하나니 이는 그를 보지도 못하고 알지도 못함이라 그러나 너희는 그를 아나니 그는 너희와 함께 거하심이요 또 너희 속에 계시겠음이라"** 함께 계시는 성령님이 우리 곁에

계시고 또 속에 계신다. 이것이 바로 내주라는 개념이다.

※성령이

① 우리를 거듭나게 하시고

② 또 우리를 그리스도에게 연합시키고

③ 도장을 찍고

④ 우리 안에 거하신다.

• 얼마동안 거하시는가? 영원토록.

• 그런데 구원을 잃어버리겠는가?

내가 읽은 성경은 구원을 결코 잃어버리지 않는다. 침례교인의 영광스러운 고백, 장로교인도 마찬가지이다. 복음을 믿는 많은 그리스도들에게 역사적으로 중요한 고백 중에 하나가 “거듭나야 한다, 구원받아야 한다, 한 번 받은 구원은 결코 잃어버리지 않는다”이다.

• 오늘 배운 내용 제목만 기억하자. 우리는 신자의 영원한 안전을 믿는다.

구원을 받았다, 잃어 버렸다 하면 안심이 되겠는가? 크리스천도 정신병에 걸릴 수 있다고 생각한다. 이 사람이 아무 것도 기억하지 못하고 죽는다고 해도 그 사람의 구원은 흔들리지 않는다고 믿는다.

• 왜냐하면 하나님이 그를 구원하셨기 때문이다.

물론 왜 그렇게 놔두느냐는 질문이 있을지 모른다. 그러나 내가 구원받고 하나님의 사랑 안에 있다면 어떤 상황도 나를 그리스도 예수 안에 있는 하나님의 사랑에서 끊을 자가 없으리라. 이것이 우리의 확신의 근거이다. 한평생 이 믿음으로 사시기 바란다.

Ⅳ. 구원의 안전의 근거 – 견인의 믿음

이런 구원의 안전에 대한 확신은 진정한 믿음 즉, 끝까지 견디는 믿음을 전제로 하고 있다. 지적 동의나 입술의 고백만 있는 표면적 신앙이 보장의 근거가 될 수는 없는 것이다.

> 마태복음 24:13
> 그러나 끝까지 견디는 자는 구원을 얻으리라

> 히브리서 10:39
> 우리는 뒤로 물러가 멸망할 자가 아니요 오직 영혼을 구원함에 이르는 믿음을 가진 자니라

- 구원해 주신 것을 감사하자. 혹시 여러 단계를 거쳐 여기까지 왔는데 아직도 예수 그리스도를 영접하지 않은 분이 있다면, "오 주님, 제가 지금 예수 그리스도를 구주와 주님으로 의지합니다"라고 고백하라. 그렇게 예수님을 받아들인 사람은 확신하라. 내 구원은 하나님이 능력과 사랑 안에서 지켜진다. "오 하나님 결코 잃어버릴 수 없는 구원을 주신 하나님을 찬양합니다"라고 감사하자.

  기도: 아버지 하나님, 우리를 구원해 주시고 이 은혜를 주셨사오니 우리 한평생 이 구원에 감사하며 우리 주님 앞에 사랑을 드리며, 평생의 삶을 드리며 살아갈 수 있도록 인도하여 주옵소서. 복된 교회의 전통, 교회의 교리, 우리 교회가 속한 역사적 그리스도 교회의 한 지체가 된 교우들이 고백한 왔던 진리의 한 모습을 생각해 보았습니다. 우리를 거듭나게 하시고 구원을 선물로 주시고 그 구원을 영원히 지키신 하나님의 사랑을 찬양합니다. 우리 한평생 이 은혜를 감사하고 감격하며 살아가게 도와주시옵소서.

〈 암송 요절 〉

너희는 말세에 나타내기로 예비하신 구원을 얻기 위하여 믿음으로 말미암아 하나님의 능력으로 보호하심을 받았느니라(베드로전서 1:5)

과제

이 장의 내용 중에서 "신자의 영원한 안전의 교리"의 내용을 150자 이내 다섯 줄 정도로 요약해 보십시오.

제 4 장

우리는
"영혼의 개인적 자율성"과
"신자의 제사장직"을
믿습니다

제 4 장

우리는 "영혼의 개인적 자율성"과 "신자의 제사장직"을 믿습니다

• 개신교의 한 지체로서 침례교회가 기독교 전체에 끼친 큰 공로
순수하게 성경 그대로 믿으려고 하는 복음적, 성서적 신앙, 그리고 아주 자유로운 의지의 신앙이다.

• 침례교회가 사회에 끼친 적극적인 영향
자유로운 사회를 만드는 일에 기여한 것이다.

• 이러한 자유로운 신앙, 또는 자유로운 시민 사회에 영향을 끼치게 된 배경적 교리가 영혼의 개인적 자율성이다.
이것과 함께 만인 제사장직과 정교분리의 원칙이다. 미국 헌법에 정교분리의 원칙이 헌법화 된 것이 침례교회의 영향이다.

• 국교의 발상을 가장 강력하게 거절한 침례교회 – 신앙의 자유로운 표현이 위축될 수 있기 때문.
미국 초기에 미국의 국교를 무엇으로 할 것인가 하는 문제가 제기되었다. 성공회, 감리교, 침례교들이 청교도의 주류들이었다. 몇몇 교단을 함께 국교로 인정하자는 논의도 있었다. 그 때 국교의 발상을 가장 강력하게 거절한 것이 침례교인들이었다. 왜냐하면 특정한 교회만을 국교로 삼다 보면 신앙의 자유로운 표현이 위축될 수 있다는 생각 때문이었다.

• 우리는 우리가 믿는 분명한 것이 있지만 내 식으로 다른 사람들도 믿어야 한다고 강요하기 시작하면 신앙을 강제하게 된다. 그렇게 되면 본의 아니

게 신앙의 자유로운 표현을 위축할 수 있게 된다. 이것이 미국 초기의 청교도들 가운데 침례교인들의 생각이었다.

- 이러한 사상적, 정신적 바탕을 제공한 것이 영혼의 개인적 자율성의 교리이다.

수년 전 탁월한 미국 남침례교 신학자였던 멀린스(E.Y. Mullins)에게 "침례교 신앙의 독특성이 무엇이냐?"고 물었을 때, 그는 서슴치 않고 "종교에 있어서의 영혼의 자율적 능력"(The competence of the soul in religion)이라고 대답하였다.

- 영혼의 자율적 능력이라는 말이 무슨 말인가?
  나는 내 행동, 즉 신앙적인 결정을 포함해서 모든 도덕적인 결정에 있어서 책임을 져야 하고 또 책임을 질 수가 있어야 한다는 것이다. 이것이 침례교인(Baptist)라는 이름을 가진 그리스도인의 고백이었다.
- 그렇다면 그 근거가 무엇인가?
  그 근거를 공부해 보고 또 그것이 어떻게 적용되어야 할 것인가를 같이 생각해 보자.

침례교 이상에서는 "인간의 능력"을 다음과 같이 서술한다.

"인간이 하나님 형상대로 창조되었기 때문에 각 사람은 자신의 도덕 및 종교적 결정에 대한 책임을 지게 된다. 인간은 성령의 인도하심을 받아 그리스도의 복음 안에서 하나님의 부르심에 자신이 호응할 수 있으며 하나님과 더불어 교제하며 주님의 은혜와 지식으로 성장할 수 있는 능력을 갖고 있다. 이 같은 개인의 능력으로 인하여 인간은 진리를 찾고 진리를 찾은 후 그 진리를 따라 행하며 다른 사람들과 이 진리를 나누어 가질 책임을 갖게 된다… 각 사람은 하나님 앞에서 도덕적 및 종교적 결정을 내릴 수 있는 능력을 가지고 있으며 도덕적 및 종교적 의무의 모든 문제에 있어서 하나님께 책임을 지게 된다."

(침례교 이상Ⅱ. 개인 2. 인간의 능력)

- 인간은 그 자신의 신앙적, 도덕적, 사회적 결정에 대해 책임을 져야만 하고 또 질 수가 있다는 것이 우리의 고백이다.
- 그 교리적 근거가 무엇인가?
  첫째로, 인간은 하나님의 형상을 따라 지음 받은 존재이기 때문이다.

Ⅰ. 영혼의 개인적 자율성에 대한 교리적 근거

1. 인간은 "하나님의 형상"(Imago Dei)을 따라 지음받은 존재이다. (창 1:26, 롬 1:18-23)

> 창세기 1:26 하나님의 형상 – 인격성, 도덕성 → 자유 전제 → 책임적인 존재
>
> 하나님이 이르시되 우리의 형상을 따라 우리의 모양대로 우리가 사람을 만들고 그들로 바다의 물고기와 하늘의 새와 가축과 온 땅과 땅에 기는 모든 것을 다스리게 하자 하시고

- 하나님의 형상의 제일 중요한 두 가지 특성은 인격성과 도덕성이다. 하나님의 형상을 닮았다는 것은
  ① 하나님이 인격적인 존재인 것처럼 우리도 인격적 존재로 지음을 받았다. 하나님은 지식을 가지고 있다. 하나님은 감정도 갖고 계신다. 하나님은 의지도 가지고 계신다. 그 하나님을 닮아 인간도 알고 느끼고 판단할 수 있는 인격적인 존재로 지음 받았다는 것이다.
  ② 뿐만 아니라 하나님은 거룩하고 사랑이신 도덕적인 존재이시다. 하나님이 거룩한 것처럼 우리도 거룩한 존재로 지음 받았다. 그러므로 우리는 거룩해야 할 존재이다. 이것이 도덕성이다.
  ③ 그러나 이 인격과 도덕이 성립하려면 자유가 있어야 한다.
- 자유가 없으면 인격이 성립할 수 없다. 무엇을 알고 느끼고 판단하는 데 있어서 자유가 없으면 결정할 수가 없다. 인간이 인격적 존재가 되기 위해서는 중요한 전제가 자유로운 존재가 되어야 한다.
- 도덕적 판단도 마찬가지이다. 인간이 이럴 수도 있고 저럴 수도 있는데, 도덕적 결정은 항상 자유를 전제로 하는 것이다. 하나님은 자유와 동시에 그 자유에 대해서 책임을 져야 할 존재로 지으셨다.
- 그것이 가장 잘 나타난 실례가 선악과이다. **"여호와 하나님이 그 사람에게 명하여 이르시되 동산 각종 나무의 열매를 임의로 먹되"**(창 2:16) 이것이 무엇인가? 자유이다. 그러나 먹지 말아야 할 것도 있다. 이것은 무엇인가?

우리가 가진 자유가 무제한의 자유가 아니라 한계 내의 자유, 즉 책임을 져야 할 자유라는 것이다. 이 세상에는 하지 말아야 할 일도 있다는 것에 관해서 바른 결정을 내리라는 메시지이다.

- 여기서 우리에게 주는 메시지는 하나님은 인간을 자유롭게 지으셨으나 동시에 그 자유에 대해서 책임을 져야 할 존재로 지어 주셨다는 것이다.
- 이러한 내용들을 포함한 어마 어마한 내용이 하나님의 형상이라는 개념이다. 하나님이 인격적이고 도덕적인 것처럼 우리도 인격적이고 도덕적인 존재로 지음 받았다.
- 하나님의 형상을 따라 지음 받았다는 중요한 의미
  따라서 하나님의 형상을 따라 지음을 받은 사람들은 인격적, 도덕적으로 책임을 질 줄 아는 존재로 살아야 한다. 또 책임을 질 수가 있다. 이것이 인간이 하나님의 형상으로 지음 받았다는 중요한 의미이다.

로마서 1:18-23 하나님의 형상의 파괴 → 죄

18하나님의 진노가 불의로 진리를 막는 사람들의 모든 경건하지 않음
과 불의에 대하여 하늘로부터 나타나나니 19이는 하나님을 알 만한 것
이 그들 속에 보임이라 하나님께서 이를 그들에게 보이셨느니라 20창
세로부터 그의 보이지 아니하는 것들 곧 그의 영원하신 능력과 신성
이 그가 만드신 만물에 분명히 보여 알려졌나니 그러므로 그들이 핑계
하지 못할지니라 21하나님을 알되 하나님을 영화롭게도 아니하며 감사
하지도 아니하고 오히려 그 생각이 허망하여지며 미련한 마음이 어두
워졌나니 22스스로 지혜 있다 하나 어리석게 되어 23썩어지지 아니하는
하나님의 영광을 썩어질 사람과 새와 짐승과 기어다니는 동물 모양의
우상으로 바꾸었느니라

- 이것은 하나님의 형상대로 지음 받은 인간이 어떻게 타락했는가를 보여 주고 있다.
- 인간은 분명히 하나님의 형상대로 지음 받았기 때문에 하나님을 분명히 알

수 있고 또 그 하나님을 영화롭게 할 존재로 지음을 받았지만 죄가 하나님의 형상대로 지음 받은 것을 파괴했다.
하나님의 형상을 따라 지음 받은 사람이 무슨 형상을 따라 살고 있는가?(23) 금수와 버러지 형상. 하나님을 닮아야 할 존재가 짐승처럼 버러지처럼 살고 있다는 것이다. 하나님은 짐승을 그 종류대로 지으셨다. 개는 개같이 소는 소같이. 그러나 그것이 사람에게 오면 달라진다. '사람 같이'가 아니라 '하나님 같이'이다.

- 인간이 인간답다는 것은 하나님을 닮은 존재로 사는 것이다.
짐승처럼 본능적인 행동에만 열심히 한다면 무엇을 닮은 존재라는 것인가? 짐승. 이것이 바로 타락한 인간의 모습.
- 하나님의 형상에 대한 침례교 신학의 입장
신학자들은 인간이 타락했을 때 하나님의 형상이 다 없어졌느냐? 좀 남아 있느냐? 때문에 복잡한 논쟁을 많이 한다. 침례교 신학의 입장은 하나님이 형상이 망가진 것은 사실이지만 하나님의 형상이 다 없어진 것은 아니고 아직도 남아 있다는 입장이다. 믿지 않은 사람들 속에도 하나님의 형상이 있다는 말인가? 그렇다. 망가지고 왜곡되었지만 남아 있다는 것이다. 믿지 않는 사람들도 선을 행할 수 있는 능력이 어디서 오는가? 그 안에 있는 하나님의 형상 때문이다. 그것이 완전히 없어졌다면 이 세상은 완전히 최소한의 질서도 기대할 수 없는 세상이다. 믿지 않는 사람도 선을 행하고 아름다운 것을 추구할 수 있는 능력은 타락하기는 했지만 그 안에 아직도 하나님의 형상이 남아 있다는 증거이다.

2. 인간은 그리스도의 속죄 사역을 기초로 거듭날 수 있고 변화된 삶을 살 수 있다.(롬 8:28-29, 벧전 1:3)

- 우선 하나님의 형상대로 지음을 받았기 때문에 인간은 책임을 져야 하고 질 수가 있다.
- 두 번째로는 그리스도의 속죄 사역을 기초로 거듭날 수 있다.
이것만 가지고는 부족하고 변화된 삶을 살 수가 있다는 데 까지 가야 한다. 그렇다면 우리는 자신의 행동에 대해 핑계할 수가 없고 책임을 져야 한다.
- 예수님의 속죄 사역이 우리에게 미친 영향을 살펴보겠다.

로마서 8:28-29 주님을 닮아 가는 인격적 변화가 가능

28우리가 알거니와 하나님을 사랑하는 자 곧 그의 뜻대로 부르심을 입
은 자들에게는 모든 것이 합력하여 선을 이루느니라 29하나님이 미리
아신 자들을 또한 그 아들의 형상을 본받게 하기 위하여 미리 정하셨
으니 이는 그로 많은 형제 중에서 맏아들이 되게 하려 하심이니라

- 우리를 구원하신 중요한 목적
"예수님의 형상을 본받게 하기 위하여"이다. 구원받은 순간부터 하나님의 형상을 회복할 수 있다.
우리가 하나님의 형상을 회복할 수 있다면, 아들의 형상을 본받기 위해서는 더욱 자기 자신의 행동에 대해 책임을 져야 한다.
- 속죄 사역으로 우리가 주님을 닮아 가는 인격적 변화가 가능하다. 즉 인격적 변화가 가능하기에 도덕적 행동에 책임을 져야 한다.

베드로전서 1:3 궁극적 소망

우리 주 예수 그리스도의 아버지 하나님을 찬송하리로다 그의 많으신 긍휼대로 예수 그리스도를 죽은 자 가운데서 부활하게 하심으로 말미암아 우리를 거듭나게 하사 산 소망이 있게 하시며

- 우리들의 궁극적 소망
예수님의 죽으심과 부활, 거듭남으로 말미암아 살아 있는 소망, 폐하지 않는 천국의 소망을 갖게 되었다.
- 예수님의 구속사역이 가져다 준 결과 우리는
  ① 예수님의 인격을 닮아갈 수 있는 도덕적인 변화의 가능성을 가진 존재가 되었고
  ② 또 이 땅에서 삶을 다한 후에 흔들릴 수 없는 천국의 영원한 소망을 가진 자가 되었다면 믿지 않는 사람보다 훨씬 더 자신의 삶에 대해서 책임을 져야 한다.
- 자신의 삶에 대해 책임을 져야하는 이유 세 번째는? 성령님이 내주하고 인도하시기 때문이다.

3. 성도에게는 성령님이 내주하시고 인도하신다.(롬 8:9, 14)

로마서 8:9 성령의 내주

만일 너희 속에 하나님의 영이 거하시면 너희가 육신에 있지 아니하고 영에 있나니 누구든지 그리스도의 영이 없으면 그리스도의 사람이 아니라

- **"그리스도의 영이 없으면 그리스도의 사람이 아니라"**를 역으로 말하면 그리스도의 사람은 그리스도의 영이 안에 있는 사람이다. 그리스도인은 그리스도를 영접한 사람 또는 그리스도의 영을 소유한 사람이다. 그리스도의 영이신 성령님을 소유한 사람이 그리스도인이다.

로마서 8:14 하나님의 영의 인도

무릇 하나님의 영으로 인도함을 받는 사람은 곧 하나님의 아들이라

- **"무릇 하나님의 영으로 인도함을 받는 사람은 곧 하나님의 아들이라"**
  하나님의 자녀에게는 하나님의 영이 거하실 뿐 아니라 인도하신다.
- 그럼 우리 안에 성령이 내주하시고 인도해 주시면 올바른 결정을 할 수 있는가? 없는가?
  있다. 이것이 중요하다.
- 그렇다면 우리는 올바른 결정을 할 수 있는 자들인가? 없는 자들인가?
  우리는 믿지 않는 자보다 훨씬 더 올바른 결정을 하면서 살아야 할 존재이고 올바른 결정을 할 수 있다.

※그 근거가 무엇인가?

① 하나님의 형상대로 지음을 받았고

② 예수님의 속죄사역으로 구원을 체험했고

③ 성령님이 우리 안에 거하셔서 우리를 인도해 주시기 때문이다.

- 따라서 우리는 정말 자신의 행동에 대해서 책임을 져야 하고, 올바른 판단을 내리면서 살아야 하고 또 판단을 내릴 수 있다고 생각해야 한다.

- 왜? 모든 것을 아시는 하나님의 영이 거하시기 때문이다.
  문제는 성령과 의논을 잘 안하고 민감하지 못하고 충만하지 못하기 때문에 잘못된 결정을 하는 것이다.
- 우리는 바른 결정을 할 수 있는 자들인가? 아닌가?
  이것은 굉장히 중요한 것이다. 도덕적 책임을 져야 할 존재이다. 어쩔 수 없다고 핑계하지 말라.
- 영혼의 자율성의 교리가 우리의 삶에 구체적으로 어떤 부분에 적용될 수 있는가?

Ⅱ. 영혼의 개인적 자율성 교리의 적용

1. 죄인의 구원에 있어서의 개인의 책임 있는 응답의 중요성

1) 회개(행 2:38)

사도행전 2:38
베드로가 이르되 너희가 회개하여 각각 예수 그리스도의 이름으로 침례를 받고 죄 사함을 받으라 그리하면 성령의 선물을 받으리니

- 회개하고 믿어야 하는 것이 누구의 책임인가?
  인간의 책임이다. 물론 이 말은 하나님의 도우심이 없이 인간의 힘만으로 회개할 수 있고 믿을 수 있다는 말은 아니다.
- 회개하는 과정에서 늘 성령님의 도우심이 절대적으로 필요하다.
  또 믿음의 결단에 있어서도 성령님의 결단이 없이는 가능하지 않다.
- 그러나 그럼에도 불구하고 우리는 회개할 수 없다. 믿을 수 없는 존재라고 말하면 안 된다.
  이렇게 주장하는 것은 지나치게 나가는 것이다. 이것은 극단적 칼빈주의의 영향이다.
- 성경이 뭐라고 말하는가? 회개하라고 말한다.
  회개할 수 있는 능력이 없는 자에게 회개하라는 메시지가 무슨 필요가 있는가? 믿을 수 없는 자에게 믿으라는 것이 무슨 필요가 있는가?
- 우리는 회개할 수 있고 믿을 수 있기 때문에 하나님이 무슨 명령을 하시는가? 회개하고 믿으라고 한다.
- 한 사람이 기독교인이 되는데 절대적으로 필요한 것은 회심(conversion)의 사건이다.
  회심에는 두 가지 요소가 있다. ① 회개하고 ② 믿는 것이다. 한 죄인이 그리스도인이 되기 위해서는 이 두 가지가 반드시 있어야 한다. 죄, 세상에 대하여는 돌이키고 예수님을 향해서는 믿어야 한다. 회개하고 믿는 것을

함께 합쳐서 말할 때 회심이라고 한다. 회심의 두 가지 단계는 무엇? 회개하고 믿는 것.

- 예수님이 오시자 마시자 첫 번째 메시지가 무엇인가? 막 1:15 **"이르시되 때가 찼고 하나님의 나라가 가까웠으니 회개하고 복음을 믿으라 하시더라"** 여기서도 두 가지가 강조되었다. 무엇인가? ① 회개하고 ② 믿으라.
- 사도행전에서 초대 그리스도인들이 불신자들에게 계속적으로 이 두 가지를 강조하고 있다. 무엇? ① 회개하고 ② 믿으라. 행 2:38에도 회개하고 침례를 받으라.

2) 믿음(행 16:31)

> 사도행전 16:31
>
> 이르되 주 예수를 믿으라 그리하면 너와 네 집이 구원을 받으리라 하고

- **"주 예수를 믿으라"** 복음 전도에 있어서 끊임없이 강조되는 메시지가 무엇인가? ① 회개하고 ② 믿으라.
- 회개하고 믿는 일에 있어서 개인이 응답해야 한다.
  정말 회개하고 믿어야 한다. 침례교회에서 이따금씩 앞으로 나오라고 초청하는 이유도 자신이 회개하고 믿었다는 것을 공포하라는 것이다. 응답한 것에 대해 책임을 지고 발표하라는 것이다. 이것도 영혼의 자율성의 교리가 적용된 한 측면이다.
- 침례교 신앙은 사람들이 하나님의 도우심으로 회개하고 믿을 수 있다고 믿는다.
  그러기 때문에 회개하고 믿으라고 복음을 전하는 것이다.
- 영혼의 자율성에 적용되는 두 번째 교리는 기도이다.

2. 기도생활에 있어서의 개인적 특권

1) 기도의 삶에의 초청(히 4:16)

히브리서 4:16 기도는 모든 그리스도인의 특권

그러므로 우리는 긍휼하심을 받고 때를 따라 돕는 은혜를 얻기 위하여 은혜의 보좌 앞에 담대히 나아갈 것이니라

- 하나님은 모든 그리스도인들에게 기도하라고 초청하신다. 누가 기도할 수 있는가?
  모든 그리스도인. 이것이 당연하다. 그러나 그것이 당연하지 않던 시절이 있었다. 중세기 로마 카톨릭이 부패했을 때 기도는 사제들의 특권으로 생각했다. 평신도들은 기도의 영역에서 거의 제외되어 있었다.
- 그러나 히 4:16을 읽어보자. **"우리(모든 그리스도인)가 긍휼하심을 받고 때를 따라 돕는 은혜를 얻기 위하여 은혜의 보좌 앞에 담대히 나아갈것이니라"** 담대히 나아갈 수 있고 또 나아가야 한다. 이것은 기도에로의 초청이다.
- 구약에는 은혜의 보좌 앞에 누구만 나갈 수 있었는가?
  지성소 앞에 대제사장만 나갈 수 있었다. 그러나 신약시대에 와서 예수님이 십자가에서 돌아가시는 순간 성소와 지성소를 가로막고 있는 휘장이 찢어졌다. 그리고 누구든지 하나님 앞에 나갈 수 있는 길(**"그 길은 우리를 위하여 휘장 가운데로 열어 놓으신 새로운 살 길이요 휘장은 곧 그의 육체니라"** 히 10:20)이 열렸다. 그래서 기도가 모든 성도들의 특권이 되었다.
- 이 말은 어떤 특별한 은사를 받은 사람의 기도를 받을 필요가 없다는 말은 아니다.
  하나님은 우리 시대에도 특별한 사람들에게 특별한 은사를 주셨다. 그럼에도 불구하고 그 부분이 지나치게 강조되면 마치 어떤 특별한 사람들에게만 특별한 기도생활이 이루어질 수 있는 것처럼 강조되기 쉽고 모든 그리스도인의 보편적 기도생활이 상실될 수 있다. 성경은 모든 그리스도인이 기도할 수 있다고 가르치고 있고 또 기도를 해야만 한다.

2) 치유의 특권(약 5:16)

야고보서 5:16 모든 평신도들이 치유를 위해서 서로 기도할 수 있음

그러므로 너희 죄를 서로 고백하며 병이 낫기를 위하여 서로 기도하라 의인의 간구는 역사하는 힘이 큼이니라

- 16절은 중요한 구절이다.
"그러므로 너희 죄를 서로 고백하며 병이 낫기 위하여 서로 기도하라 의인의 간국는 역사하는 힘이 큼이니라"
- 14절과 비교할 때 더욱 그렇다.
"너희 중에 병든 자가 있느냐 그는 교회의 장로들을 청할 것이요 그들은 주의 이름으로 기름을 바르며 그를 위하여 기도할지니라" 하나님이 교회 안에도 치유의 능력을 주셨다. 병들었을 때 교회의 지도자를 청해서 기도를 받으라고 했다.
- 그러나 이것을 강조하면 목사님들이 기도해야 치유가 일어나고 평신도는 기도할 수 없다는 것이 된다.
이 구절에서의 의미가 그렇다고 말씀하고 있는가? 그렇지 않다. 16절에서 금방 바뀐다.
- **"그러므로 너희 죄를 서로 고백하며 병이 낫기를 위하여 서로 기도하라 의인의 간구는 역사하는 힘이 큼이니라"** 여기서 **"서로"**는 목회자만을 의미하는가?
아니다. 모든 성도들이다.
- 물론 교회의 지도자들에게는 특별히 이런 책임을 주셨고, 또 병든 자들을 위해 기도해야 할 책임이 있고 또 그럴 수 있는 능력도 주신다. 그러나 목회자들에게만 이런 은사를 주신 것은 아니다. 모든 평신도들도 병든 자들을 돌아보며 그들을 위해 상호(서로) 기도할 수 있는 특권이 있다. 그러므로 이것이 치유의 특권이다. 목사님께만 연락하지 말고 서로 위해서 기도하라. 하나님이 우리의 기도생활에도 기도할 수 있는 특권과 능력을 주셨다면 그 능력을 행사해야 한다. 기도할 수 있는가? 없는가? 있다. 기도할 수 있다면 기도를 해야 한다.
- 지나치게 교권적인 교회가 된다면 성직자에게만 기도할 수 있는 특권이 있는 것처럼 강조되고 평신도에게는 기도의 특권이 없는 것처럼 간주되기 쉽다. 그렇지 않다. 여러분이 기도할 수 있는 특권을 가지고 있다. 믿는가? 그럼 기도하라.

3. 성경 해석에 있어서의 개인적 자율성

- 자유라는 측면이 ① 구원에 있어서의 책임 있는 응답 ② 모든 성도가 기도할 수 있는 특권이 있고 ③성경 해석이다. 세 번째로 적용될 수 있는 것이

바로 성경 해석의 자율성 이다.

- 이것이 지금 우리 시대에는 별로 실감이 안 나지만 중세시대는 사제들만이 성경을 해석했지 평신도들은 감히 성경을 해석할 생각을 못했다. 지금도 카톨릭은 평신도들에게 성경 해석의 권한이 없다. 그 권한이 일부 특수한 사제들만의 권한이다.
- 그러나 성경은 어떻게 말하고 있는가?

1) 약속(요 14:26)

> 요한복음 14:26
>
> 보혜사 곧 아버지께서 내 이름으로 보내실 성령 그가 너희에게 모든 것을 가르치고 내가 너희에게 말한 모든 것을 생각나게 하리라

- "진리의 성령이 오실 때 그가 나를 증거 하실 것이다." 성령이 누구를 증거 하는가?
  예수님.
- 이 말씀과 같이 보아야 할 구절 26절 **"보혜사 곧 아버지께서 내 이름으로 보내실 성령 그가 너희에게 모든 것을 가르치고 내가 너희에게 말한 모든 것을 생각나게 하리라"** 누가 그렇게 하신다고 했는가? 성령.
- 성령이 모든 그리스도 안에 내주 하신다면 그 성령이 내가 성경을 읽고 해석할 때 도와 줄 수 있는가? 없는가? 있다. 이것은 논리적인 귀결이다. 그것이 분명히 나타난 것이 요일 2:27이다.

2) 특권과 책임(요일 2:27)

> 요한일서 2:27
>
> 너희는 주께 받은 바 기름부음이 너희 안에 거하나니 아무도 너희를 가르칠 필요가 없고 오직 그의 기름부음이 모든 것을 너희에게 가르치며 또 참되고 거짓이 없으니 너희를 가르치신 그대로 주 안에 거하라

• 사도 요한이 이 말씀을 기록하게 된 배경
요한일서는 그 당시 영지주의라는 이단이 영향을 끼치고 있었다. 영지주의의 중요한 주장은 특별한 신령한 은혜를 받은 사람만이 성경을 깨달을 수 있고 해석할 수 있다고 가르쳤다. 그 주장에 대한 반발로 사도요한이 이 말씀을 기록한 것이다.

• **"너희는 주께 받은 바 기름부음이 너희 안에 거하나니"**에서 기름부음이 무엇인가? 성령이다.
그 성령이 우리를 깨닫게 해 주시는 것이다. 그러나 그 당시 영지주의자들은 특별히 은혜 받은 그들 교사에게만 찾아가야 배울 수가 있다고 주장했다. 물론 어떤 분에게는 성경을 잘 가르칠 수 있는 은사를 주실 수 있는가? 없는가? 있다. 또 성경 가르치는 지도자도 필요한가? 안 필요한가? 필요하다. 그럼에도 불구하고 본질적으로 성경을 깨닫게 해 주시는 분은 우리 안에 계신 성령님이시다.
제가 아무리 가르쳐도 여러분 안에 성령이 거하시지 않는다면 여러분이 깨닫지 못한다. 그래서 어떤 분은 30-40년 공부해도 깨닫지 못하는 자도 있다. 성령이 그 안에 거하지 않는다면 누가 와서 가르쳐도 깨닫지 못한다. 궁극적으로 깨닫게 하시는 분은 성령이시다.

• 성령이 내 안에 거하신다고 해서 지도자도 필요 없고 오늘부터 나는 내 마음대로 성경을 해석할 수 있다. 그 얘기인가? 그렇지 않다.

• 성령님이 그리스도인 안에 거하시기 때문에 같은 성령이 인도한다면 대부분의 해석의 결론이 같을까? 틀릴까? 같다. 이상한 주장하면 신기하다고 쫓아가는 자도 있다. 그러나 보편성이라는 것이 있다.
성경해석의 결과가 보편성이 있는 것은 같은 한 성령님이 조명하시기 때문이다. 이 말이 마음대로 해석할 수 있다는 말은 아니다.

• 성경해석에도 책임이 따른다. 내 안에 계신 성령님의 조명을 받아서 잘 깨닫고 해석해야 하지만 책임이 따른다. 성경해석에도 책임이 따른다.

• 벧후 3:16 **"또 그 모든 편지에도 이런 일에 관하여 말하였으되 그 중에 알기 어려운 것이 더러 있으니 무식한 자들과 굳세지 못한 자들이 다른 성경과 같이 그것도 억지로 풀다가 스스로 멸망에 이르느니라"** 성경을 억지로 풀면 안 된다. 자유라는 것은 언제나 책임을 동반한다. 성령의 인도하심을 받아 신중하고 조심스럽게 최선을 다해 성경을 해석해야 할 책임이 있는 것이다.

• 영혼의 자율성의 교리가 적용될 수 있는 네 번째의 측면은 교회생활의 평등한 권리이다.

4. 교회생활의 평등한 권리

- 평등한 권리라는 것이 직분에 차이가 없다는 것은 아니다.
  하나님은 교회 안에 직분을 다양하게 세우셨다. 그럼에도 불구하고 본질적으로 우리는 주 안에서 동등한 형제요 자매이다.
- 교회의 직분을 지나치게 계급화 시키고 계급적으로 이해하려는 것은 타락한 교회의 모습이다.

1) 직분의 차이(롬 12:4)

> 로마서 12:4
>
> 우리가 한 몸에 많은 지체를 가졌으나 모든 지체가 같은 기능을 가진 것이 아니니

- 이 구절은 이 부분에 대해서 균형 있는 자유와 책임을 보여 준다. **"우리가 한 몸에 많은 지체를 가졌으나 모든 지체가 같은 기능을 가진 것이 아니니 이와 같이 우리 많은 사람이 그리스도 안에서 한 몸이 되어 서로 지체가 되었느니라"**

2) 지체의 원리(롬 12:5)

> 로마서 12:5
>
> 이와 같이 우리 많은 사람이 그리스도 안에서 한 몸이 되어 서로 지체가 되었느니라

- 5절에서 강조하고 있는 것은 한 몸 안에 속한 지체가 되었다는 것이다.
  "이와 같이 우리 많은 사람이 그리스도 안에서 한 몸이 되어 서로 지체가 되었느니라" 그 지체 중에는 더 중요하고 덜 중요한 지체가 있는가? 우리 몸에 이것은 좀 떼어 놓고 다녔으면 하는 부분이 있는가? 제 귀가 한 쪽이 없는 모습을 한 번 상상해 보십시오. 다 중요하다. 동등하게 중요하다. 그

러나 역할은 다 다르다.

• 직분이라는 말은 역할을 말한다. 역할과 책임은 다르다.
여기에 균형이 필요하다. 우리는 주님 앞에서 본질적으로 동등하나 책임은 다르다. 그러나 그 책임을 계급으로 오해하면 안 된다. 그리스도 앞에서 똑같이 동등하다. 오늘 한국교회는 지나치게 계급화 되는 경향이 있다. 성경으로 돌아왔으면 좋겠다.

• 주님 앞에서 동등하다고 우리가 무질서하게 교회생활을 하면 안 된다.
하나님이 주신 역할과 책임에 따라서 각각 자기의 책임을 다 하면 된다. 그러나 우리는 주의 몸에 속한 다 같이 중요한 동등한 지체라는 의식을 가지고 교회생활에 참여하고 서로 섬기고 하나님의 일을 감당해야 한다.

5. 하나님 앞에서의 개인의 도덕적 책임

1) 도덕적 자유(갈 5:1)

> 갈라디아서 5:1
> 그리스도께서 우리를 자유롭게 하려고 자유를 주셨으니 그러므로 굳건하게 서서 다시는 종의 멍에를 메지 말라

• 이 부분을 크리스천의 자유의 대헌장(Magna Carta)이라고 한다.
자유하니까 마음대로 살자는 것은 아니다. 갈 5:13절에는 책임의 문제가 나온다.

2) 도덕적 책임(갈 5:13)

> 갈라디아서 5:13
> 형제들아 너희가 자유를 위하여 부르심을 입었으나 그러나 그 자유로 육체의 기회를 삼지 말고 오직 사랑으로 서로 종노릇하라

- 아주 역설적이다. 1절에서는 종노릇하지 말라고 하고 13절에서는 종노릇하라고 한다.
- 그러나 13절에서 종노릇하라는 것은 사랑하기 때문이다.
  사랑하면서 종노릇하면 종노릇하는 것이 즐거운가? 안 즐거운가? 사랑함으로 남편의 종노릇하면 즐거운가? 안 즐거운가? 사랑하면 자유로울 수 있다.
- 그러나 자유라는 것이 결코 부도덕의 기회가 될 수는 없다. 우리는 상당히 자유로운 존재지만 책임을 져야하는 존재이다.
- 자유를 받았으나 주인에 대한 사랑 때문에 책임을 내려놓은 사람, 이게 바로 그리스도인의 이미지다.

Ⅲ. 모든 신자의 제사장직

- 과거에는 사제만이 성경을 읽고, 해석하고, 가르치고, 기도할 수 있었다.
  더 많이 알려진 표현은 만인 제사장직이다. 특수한 사람만 제사장이 아니라 만인이 다 제사장이다.
  우리는 모든 신자의 제사장직을 믿는다. 이 고백의 대표적 성경구절은 벧후 2:9과 계 1:6이다.
- 벧전 2:5-9 **"신령한 제사를 드릴 거룩한 제사장이 될지니라..."** 절정이 9절 **"너희는"**은 사역자를 말하는 것이 아니라 하나님의 백성들을 말한다. 택하신 족속과 제사장을 동의어로 쓰고 있다.
- 계 1:5b-6 **"그의 피로 우리 죄에서 우리를 해방하시고 그의 아버지 하나님을 위하여 우리를 나라와 제사장으로 삼으신 그에게 영광과 능력이 세세토록 있기를 원하노라 아멘"**
- 하나님이 여러분과 나를 무엇으로 삼으셨는가? 제사장.
  여러분이 제사장인가? 이것은 굉장히 중요한 고백이다. 깨어 있는 천주교회에서는 최근 평신도의 사제직이라는 용어를 사용하고 있다.

1517년 10월 31일 유명한 개혁자 마르틴 루터의 95개조 선언문이 비텐베르크 교회에서 발표된 후 세계교회를 흔들어 깨우며 시작된 개혁운동의 중대한 이슈 중 하나가 소위 '만인 제사장'설이었다. "그리스도인은 누구나 예수 그리스도를 믿음으로 말미암아 하나님께 직접 나아갈 수 있다. 인간이 하나님과 교통하고 죄사함 받는 일에 신부의 중재는 필요하지 않으며 죄의 참된 용서는 오직 예수 그리스도를 믿음으로 말미암아서만 이루어진다. 모든 그리스도인은 예외 없이 다 제사장이다."

- 이것은 마르틴 루터가 성경을 읽고 깨닫고 천명한 매우 중요한 진리였다.
  옛날부터 성경이 있었지만 발견하지 못하고 더러는 발견했어도 침묵했으나 루터가 발견하고 깨달은 것을 선포함으로써 종교개혁의 결정적 도화선이 된 중요한 성서적 진리가 바로 이 만인 제사장직이었다.

- 개신교는 바로 이 만인 제사장직의 발견이라는 중요한 성서적 진리 위에 세워졌다.
  그럼에도 불구하고 그 후에 개신교가 만인 제사장직의 강조를 충분히 하지 않았다. 오히려 어떤 경우에는 영적 지도자에 대한 지나친 강조로 말미암아서 종교개혁 이전으로 후퇴해버린 교회가 개신교 교회 안에 없다고 말할 수 없다.
- 개신교에 많은 교파들이 있었지만 만인 제사장직을 가장 철저하게 강조해 왔던 교단이 침례교단이다.
- 만인 제사장직을 아주 극단적으로 강조한 나머지 '지도자는 필요 없다'까지 나간 교단이 있었다.
  영적 지도자들을 인정하지 않는 교파가 있었다. 형제교회라든가 퀘이커교회 같은 데서는 그런 경향을 보여 왔다. 그러나 이런 극단에 흐르지 않고 개신교 안에서 신자의 제사장직을 힘써 강조한 교단이 바로 침례교 전통이다.
- 침례교에서는 이것이 남용될 가능성이 굉장히 있지만 꼭 신학교를 졸업하고 꼭 안수를 받은 사람에 의해서 복음이 전해지는 것이 아니다. 침례교회가 결코 신학교육을 등한히 하지 않았다. 미국에서 가장 큰 신학교는 침례교 신학교들이다(6개).
- 그럼에도 불구하고 침례교의 전통 가운데 하나는 신학교가 하나님의 사람을 꼭 만드는 것은 아니다. 복음은 신학교를 졸업하지 않은 사람에 의해서도 얼마든지 전해질 수 있는 것이다. 침례교만은 신학교육을 받지 않은 사람도 전도에 열정이 있는 자는 목사 안수 받을 수 있는 길을 열어 주었다.
- 평신도 목사 같은 제도를 허용해서 복음을 전하게 했다. 이러한 제도가 남용될 수도 있지만 상당히 성서적이라고 생각한다. 과거 교회 역사에 봐도 꼭 신학교육을 받은 사람만 하나님께 쓰임 받은 것은 아니다. 놀랍게도 교회 역사를 보면 신학교와 전혀 상관없는 사람들 가운데서 한 역사를 흔드는 위대한 하나님의 사역을 했던 사람들이 참 많았다. 무디, 스펄전, 조지 뮬러.
- 만약 신학교육을 통해서만 하나님의 사람들이 만들어진다고 국한시키면 하나님의 주권과 역사를 제한할 가능성이 많다. 침례교가 신학교육을 대단히 강조했음에도 불구하고 하나님이 직접 하나님의 사람들을 만들 수 있다는 가능성을 항상 열어 놓는 전통을 가졌다.

영혼의 개인적 자율성 교리의 하나님과의 관계에 대한 적용이 바로 만인 제사장직이라 할 수 있다. 침례교 신학자 멀린스(E. Y. Mullins)는 "개개인의 영혼이 하나님께 직접 나아갈 수 있는 이 특권을 박탈하는 것은 영혼에 대한 포학행위"라고 천명하였다.

1. 제사장이란 무엇인가?

- 구약적인 제사장의 의미를 생각해 봄으로 그 제사장의 직분이 신약시대에 우리에게도 주어졌다는 사실이 얼마나 영광스러운가를 확인하기 위함이다.

(1) 제사장은 하나님과 제일 가까이 있을 수 있는 사람이다.

- 제사장은 아주 명예로운 것이다. 존귀한 것이다. 히 5장 1절부터 제사장에 관해서 얘기하다 4절 **"이 존귀는 아무나 스스로 취하지 못하고 오직 아론과 같이 하나님의 부르심을 입은 자라야 할 것이니라"** 하나님의 특별한 부르심을 받은 사람들만 가질 수 있는 영광스럽고 존귀한 직분이다.
- 왜냐하면 하나님께 가까이 나가서 하나님을 수종드는 특별한 위치였기 때문이다.
- 그 존귀한 특권이 구약에는 특별한 부르심에 의해 특별한 사람에게만 주어졌지만 신약에 와서는 모든 그리스도인에게 주어졌다. 칼빈은 만인 제사장직은 모든 그리스도인에게 주어진 독특한 영역이라고 했다. 하나님은 이 특권을 우리 모두에게 다 주셨다.

(2) 제사장은 하나님께 제물을 드리는 사람이다.

- 히 5:1 **"대제사장마다 사람 가운데서 택한 자이므로 하나님께 속한 일에 사람을 위하여 예물과 속죄하는 제사를 드리게 하나니"**
- 제사장이 하는 가장 중요한 기능은 제사를 드리는 것이다. 특별히 속죄의 제사를 드리는 것이다.

(3) 제사장은 사람들을 하나님께로 인도하는 자이다.

- 하나님과 사람 사이에 중간 역할을 하는 사람이다.
  다른 말로 하면 중보자이다. 다리를 놓는 사람이다.
- 누구와 누구 사이에? 하나님과 인간 사이에.
- 왜? 사람을 하나님께 인도하고 하나님의 메시지를 사람에게 전달하는 사람이다.

(4) 제사장은 하나님의 백성을 대표하고 대리하는 사람이다.

① 제사장은 존귀한 직분이다. 하나님과 가장 가까이 있는 사람이고

② 기능적인 직분은 제사를 드리는 것이다.
③ 하나님과 인간 사이에 중보자의 역할을 하고
④ 한 걸음 더 나아가서 하나님의 백성을 대표한다.

- 대표성의 개념 발전

① 가족을 대표한 제사장 – 아브라함, 이삭, 야곱 등. 그들이 하나님께 제사를 드렸다. 누구를 대표해서? 가족을. 족장이 제사장의 역할을 수행했다. 족장이나 가장이 제사장의 역할을 할 때의 개념은 가족을 대표한다는 의미가 있다. 오늘날도 어느 정도 적용하는 것이 좋다. 한 가정에서 남편이 제사장의 역할을 하는 것이 얼마나 좋을까? 한 가족을 대표해서 기도도 하고 예배도 인도하면 얼마나 좋겠는가?

② 그러다가 제사장이 민족을 대표하게 되었다. 제사장 중에도 대표 제사장을 뽑았다. 그가 누구인가? 대제사장. 그가 일 년에 한 번씩 속죄의 제사를 드렸다.

③ 그런데 히브리서에서는 예수님을 대제사장보다 더 높은 큰 대제사장이라고 부르고 있다. 예수님에 대해서 침례요한이 "보라 세상 죄를 지고 가는 어린양을 보라"고 했다. 예수님은 누구의 죄를 지고 가는 사람인가?

- 예수님은 누구를 대표했는가? 온 세상을 대표했다.

이상을 볼 때 제사장 개념이 점진적으로 스케일이 커지는 것을 볼 수 있다. 처음에는 가족을 대표하다가 민족을 대표하다가 온 세상을 대표했다.

- 신약 시대에 우리가 다 제사장이라면 여러분이 온 세상을 대표할 수 있는가? 없는가?

여러분이 온 세상을 위해 기도한다면 여러분이 온 세상을 대표하고 있는 것이다. 와! 옆에 있는 사람에게 "온 세상을 대표하고 계시네요."라고 인사해 보자. 세계에 관여하는 우리는 얼마나 특권적 존재인가?

- 구약의 제사장이 역사적으로 어떻게 발전하는가.

이 제사장직을 완성하신 분이 누구인가? 예수님.

- 그러므로 먼저 예수님에 대한 제사장직을 이해해야 한다.

1. 만인 제사장이란 무엇인가?

1) 그리스도의 제사장직

① 그의 탄생(마 1:21, 막 10:45) 제사장이 되기 위함

- 마 1장 21절에 보면 예수님이 마리아에게 잉태되었을 때에 천사가 요셉과 마리아에게 나타나서 무엇이라고 했는가?

> 마태복음 1:21
> 아들을 낳으리니 이름을 예수라 하라 이는 그가 자기 백성을 그들의 죄에서 구원할 자이심이라

- 예수님은 속죄의 사명을 이루기 위해서 오셨다.

> 마가복음 10:45
> 인자가 온 것은 섬김을 받으려 함이 아니라 도리어 섬기려 하고 자기 목숨을 많은 사람의 대속물로 주려 함이니라

- 예수님이 왜 오셨나? 제사장이 되기 위해 오셨다.

② 그의 침례(민 4:2-3, 레 8:6) 제사장으로의 취임

> 민수기 4:2-3
> 2레위 자손 중에서 고핫 자손을 그들의 종족과 조상의 가문에 따라 집계할지니 3곧 삼십 세 이상으로 오십 세까지 회막의 일을 하기 위하여 그 역사에 참가할 만한 모든 자를 계수하라

• 예수님의 침례 사건이 갖는 의미는 무엇인가? 한 마디로 제사장직의 취임식이다.
• 구약에 보면 회막에서 봉사하는 사람들이 몇 세부터 일 할 수 있었는가? 30세 이다. 민 4:1절부터 보자. 3절 **"곧 30세 이상으로"** 30세에 시작해서 50세에 끝났다. 제사장직에 공적으로 취임하는 나이가 30세이었다.
• 어떻게 취임했는가?

> 레위기 8:6
>
> 모세가 아론과 그의 아들들을 데려다가 물로 그들을 씻기고

• **"모세가 아론과 그의 아들들을 데려다가 물로 그들을 씻기고"** 여기서 씻는다는 것은 완전히 물속에 잠기는 것이다. 전신을 물에 잠그고 씻는 것이다.
• 예수님이 제사장이 되기 전에 30년을 사시다가 30세 되던 해에 요한에게 침례를 받으시면서 "이렇게 함으로 하나님의 의를 이루는 것이 합당하니라"라고 한 것은 제사장직의 취임식을 말하는 것이다. 그래서 침례요한에게 침례는 받으신 것이다.
• 예수님의 침례 사건은 제사장직에로의 취임이다.

③ 그의 죽으심(히 9:14) 제사장의 사명 완수

> 히브리서 9:14
>
> 하물며 영원하신 성령으로 말미암아 흠 없는 자기를 하나님께 드린 그리스도의 피가 어찌 너희 양심을 죽은 행실에서 깨끗하게 하고 살아계신 하나님을 섬기게 하지 못하겠느냐

• 죽으심의 의미는 무엇인가?
이것은 제사장의 사명을 완수하시는 순간이다.
• 제사장의 사명이 무엇인가?
제사를 드리는 것이다. 특별히 속죄의 제사를 드리는 것이다.

• 제사를 드리려면 무엇이 있어야 하는가? 제물
• 예수님은 어떤 제물을 드리셨는가? 자신의 몸을
• 어떤 제단에서?
갈보리 언덕에서 자신의 거룩한 몸을 제물로 제사를 드리셨다. 이것이 제일 중요한 것이다.
히 9:14 **"하물며 영원하신 성령으로 말미암아 흠 없는 자기를 하나님께 드린 그리스도의 피가 어찌 너희 양심을 죽은 행실에서 깨끗하게 하고 살아 계신 하나님을 섬기게 하지 못하겠느냐"**
• 구약에서 일시적인 제물의 역할을 했던 소, 양, 염소들도 인간의 죄를 일시적으로 정결케 하는 능력이 있었다.
하물며 영원하신 성령으로 말미암아 흠 없는 자기 자신을 하나님께 드린 그리스도의 피가 어찌 너희 죄를 속죄하지 못하겠는가?
• 24절 **"그리스도께서는 참 것의 그림자인 손으로 만든 성소에 들어가지 아니하시고 바로 그 하늘에 들어가사 이제 우리를 위하여 하나님 앞에 나타나시고"**
• 제사장은 제물을 바치고 성소에 들어갔다.
• 그러나 예수님은 참 하늘에 들어가서 하나님 앞에 가서 "하나님 이제 이 몸을 제물로 드렸습니다. 이제 내 피를 받아 주시고 저희 죄를 용서하소서" 라고 하신다.
• 예수님이 승천하시고 하나님 앞에 가신 사건은 속죄의 사역을 완성하신 사건이다. 제사장의 사명을 완성하신 사건이다.

④ 그의 부활(히 7:24–25) 영원하신 제사장이 되심

• 영원한 제사장이 되기 위함이다.
• 구약의 제사장은 계승제도였다. 왜 계승하는가? 죽기 때문이다.
• 그러나 예수님은 부활하셔서 영원히 제사장이고 지금도 제사장이시다.

> 히브리서 7:24–25
> 24 예수는 영원히 계시므로 그 제사장 직분도 갈리지 아니하느니라 25 그러므로 자기를 힘입어 하나님께 나아가는 자들을 온전히 구원하실 수 있으니 이는 그가 항상 살아 계셔서 그들을 위하여 간구하심이라

- 그 앞 절 **"제사장 된 그들의 수효가 많은 것은 죽음으로 맘미암아 항상 있지 못함이로되"** 그러나 **"예수는 영원히 계시므로"**
- 지금도 사람들의 죄를 용서하시고 구원하실 수 있는 이유는?
  지금도 살아계신 제사장이기 때문이다.
- 우리는 제사장의 개념으로 예수님의 생애 전체를 이해할 수 있다.
  매우 중요한 내용이다. 이것 하나만 똑똑히 깨달아도 기독교의 심장을 깨달은 것이다.

※그리스도의 제사장직의 핵심

① 예수님이 왜 출생했는가? 제사장이 되기 위해.

② 예수님의 침례는? 제사장에로의 취임.

③ 예수님의 죽으심? 속죄의 제사를 완성하시기 위해서.

④ 예수님의 부활? 영원한 제사장이 되기 위해서. 이것이 바로 그리스도의 제사장직의 핵심이다.

- 그리스도가 완전하고 영원한 제사장이라면 구약과 같은 의미의 제사장이 더 필요한가?
  필요 없다. 구약적 의미의 제사장은 다 폐지된 것이다. 엄격하게 말하면 그리스도만이 홀로 완전하고 유일한 대제사장이시다.
- 그러나 예수님은 구약의 제사장적 기능과 사명을 모든 그리스도인들에게 나누어 주시기를 원하신다. 이것이 만인 제사장직(혹은 전신자의 제사장직)이다.

2) 모든 그리스도인들의 제사장직

제사장의 직무	성도의 제사장직	적용
하나님과 제일 가까이 있을 수 있는 사람	하나님께 나아감	교제기도
하나님께 제물을 드리는 사람	하나님께 제물을 드림	찬송, 선행
사람들을 하나님께로 인도하는 자	사람들을 하나님께로 인도함	복음전도
하나님의 백성을 대표하고 대리하는 사람	스스로 문제를 해결함	중보기도

만인 제사장직 교리를 믿는다는 사람들과 교회들은 많지만 그것을 실천하는 교회는 그리 많지 않다. 만일 이 원리를 제대로 잘 적용한다면 우리의 교회생활에는 어떤 변화가 있을까?

(1) 하나님께 나아감

- 완전하신 제사장이신 그리스도를 영접한 그리스도인들이 제사장적 사명을 수행할 수 있게 되었다.
- 어떤 의미에서 그런가? 옛날에는 누구만 나갈 수 있었는가? 제사장만.
- 그리스도를 구주와 주님으로 믿는 사람들은 지금 하나님 앞에 나갈 수 있는가?
  아무 때나 나갈 수가 있고, 마음대로 나갈 수 있게 되었다. 이게 웬 특권인가? 옆 사람에게 "이게 웬 특권이냐"고 말해 보라. 청와대 한 번 가려 해도 얼마나 힘든가? 며칠 전부터 작업해야 한다.
- 히 10:19–20 **"그러므로 형제들아 우리가 예수의 피를 힘입어 성소에 들어갈 담력을 얻었나니 그 길은 우리를 위하여 휘장 가운데로 열어 놓으신 새로운 살 길이요 휘장은 곧 그의 육체니라"**
  휘장 때문에 하나님께 마음대로 못 나갔는데 예수님이 돌아가시면서 휘장이 찢어졌다. 예수님을 통해서 하나님께 나갈 수 있는 길이 활짝 열렸다.
- 히 10:20–21 **"또 하나님의 집 다스리는 큰 제사장이 계시매 우리가 마음에 뿌림을 받아 악한 양심으로부터 벗어나고 몸은 맑은 물로 씻음을 받았으니 (누가? 우리가) 참 마음과 온전한 믿음으로 하나님께 나아가자"**
  ① 나갈 수 있는가? 없는가? 있다.
  ② 언제든지? 그렇다.
  ③ 무엇을 힘입고 나가는가? 예수님의 피를 힘입어.
  우리 죄인은 하나님 앞에 감히 설 수 없다. 하나님을 만나는 일은 두렵고 무서운 일이다. 거룩하시기 때문이다. 그러나 예수님의 피를 힘입고 감히 하나님 앞에 온전히 나갈 수 있게 되었다.

(2) 하나님께 제물을 드림

- 뿐만 아니라 우리도 제물을 드린다.
- 어떤 제물을 드릴 필요가 있는가?
  제물과 제사를 드린다고 할 때 구약의 속죄제사는 예수님을 통해서 완성되었기 때문에 우리가 속죄의 제사를 드릴 필요는 없다.

• 한국교회에 무던히도 안 바뀌는 개념이 있다.
엄격히 말하면 십자가(갈보리 언덕)는 예수님의 속죄의 제사를 드리기 위한 마지막 제단이다. 이 강단은 제단이 아니다. 십자가가 마지막 제단이다. 이것은 십자가의 사건을 선포하는 강단이다. 그런데 이것을 제단이라고 하는 것은 구약으로 돌아가는 것이다. 강단을 제단이라고 하는 것은 신구약의 분명한 점진적 계시에 대한 확실한 이해가 없기 때문이다.

• 속죄의 제사는 드릴 것이 있는가?
히 10:11 **"제사장마다 매일 서서 섬기며 자주 같은 제사를 드리되 이 제사는 언제나 죄를 없게 하지 못하거니와"** 구약적 제사장이 드리는 제사는 부분적 역할 밖에는 못했다.

• 그러나 12절 **"오직 그리스도는 죄를 위하여 한 영원한 제사를 드리시고 하나님 우편에 앉으사"**
① 한 번으로 영원한 제사를 드리셨다.
② 무엇으로? 자기 몸으로.
③ 그 결과는? 그것을 믿는 모든 사람을 영원히 속죄할 수 있는 능력이 있다.
④ 따라서 18절 **"이것을 사하셨은즉 다시 죄를 위하여 제사 드릴 것이 없느니라"** 속죄의 제사를 드릴 필요가 없다.

• 죄 용서를 받는 것은 십자가의 피로 받는 것이지 우리가 지금 행하는 종교적 의식이 우리를 용서해 주는 것이 아니다.
우리가 행하는 종교적 의식에는 죄 사함의 능력이 없다.

• 죄 사함의 능력은 어디에만 있는가? 속죄가 완성된 십자가에만.

• 카톨릭의 가장 커다란 문제는 미사이다. 미사에 속죄의 개념이 들어 있다. 미사라는 종교적 행위가 죄를 용서한다고 믿는다. 이것은 무엇을 무효로 만드는 것인가? 십자가를 무효화시키는 것이다. 이것이 로마 카톨릭 신학의 커다란 맹점이다. 이것(강단)이 제단인가? 강단이다. 십자가의 사건을 선포하는 강단이다.

• 우리가 예배를 드릴 때 제사를 드린다는 말을 쓴다. 그 말은 맞을 수도 있고 틀릴 수도 있다.
만일 구약적 의미의 속죄 제사를 드린다는 의미로 제사를 드린다는 말을 쓰면 맞는가? 틀리는가? 틀리다. 그래서 가급적 개신교인들 제사를 드린다는 말은 삼가는 전통이 있다. 그럼에도 불구하고 한국교회에서는 아직도 제사라는 단어가 매우 유행하고 있다.

• 그러나 이런 의미로는 쓰여질 수 있다.
히 13:15 **"그러므로 우리는 예수로 말미암아 항상 찬송의 제사를 하나님께**

드리자 이는 그 이름을 증언하는 입술의 열매니라" 16절 **"오직 선을 행함과 서로 나누어 주기를 잊지 말라 하나님은 이 같은 제사를 기뻐하시느니라"** 여기에 속죄의 개념이 있는가? 없는가? 없다. 속죄는 십자가 사건으로 끝났고 속죄의 은혜를 받은 사람들이 하나님 앞에 찬양을 드려야 한다.

(1) 그런데 찬양을 하나님께 바친다는 의미에서는 제사라는 말을 쓸 수 있는가? 없는가?

• 있다. 나를 헌신하는 제사를 드린다거나 선행의 제사를 드리는 것은 가능하다.

(2) 그러나 속죄의 의미가 내포된 의미에서 제사를 드린다는 말은 맞는가? 틀리는가? 틀린다.

• 이것은 개신교 신학에서 굉장히 중요한 것이다. 우리가 헌신의 제사를 드린다, 찬양의 제사를 드린다, 십자가의 은혜에 대한 감사의 응답을 한다는 의미에서는 지금 우리도 제사를 드리는 자이다. 그런 의미에서 우리도 제사장이다.

(3) 사람들을 하나님께로 인도함

• 우리도 지금 이런 역할을 할 수 있는가? 없는가? 있다.

• 언제? 전도할 때

• 정확하게 그 개념이 신약성경에 쓰여져 있다.
롬 15:16 **"이 은혜는 곧 나로 이방인을 위하여 그리스도 예수의 일꾼이 되어 하나님의 복음의 제사장 직분을 하게 하사 이방인을 제물로 드리는 것이 성령 안에서 거룩하게 되어 받으실 만하게 하려 하심이라"**

• "하나님 여기 믿지 않는 사람이 왔어요. 그런데 이 사람이 하나님을 의지하고 살기를 원해요. 이 사람을 받아 주세요" 하고 믿지 않는 사람을 주님 앞으로 인도할 때 이방인을 주님 앞에 무엇으로 바치는가? 제물로.

• 그 역할을 하고 있는 우리는 누구인가? 제사장.

• 무슨 제사장? 복음의 제사장.

(4) 스스로 문제를 해결함

• 구약에는 문제가 있으면 다 제사장에게 위임을 했다. 제사장이 대표로 기도했다. 그러나 신약에 와서 기도는 누구의 특권인가? 신약성경에 기도는 특수한 사람만 한다고 어떤 힌트가 있는가? 전혀 없다. 모든 그리스도인들이 할 수 있다. 그런 의미에서 우리는 다 이제 스스로 직접 예수 그리스도로 말미암아 문제를 해결할 수 있는 능력이 있는가? 없는가?

• 심지어 신약에 와서는 모든 그리스도인들이 중보적 사역을 감당할 수 있다.
딤전 2:1-2 **"그러므로 내가 첫째로 권하노니 모든 사람을 위하여 간구와**

기도와 도고와 감사를 하되" 내가 내 자신을 위해 기도할 수 있지만 다른 사람을 위해 기도해야만 한다. **"임금들과 높은 지위에 있는 모든 사람을 위하여 하라 이는 우리가 모든 경건과 단정함으로 고요하고 평안한 생활을 하려 함이라"**

- 다른 사람을 위해서 기도한다는 것은 무엇인가?
  다른 사람들을 위한 무슨 역할인가? 중보적 역할. 물론 딤전은 목회서신이니 바울 사도가 디모데 같은 사람에게 강조한 것이라고 말 할 수 있다.
- 그러나 좀 더 자세히 읽어 보면 그러한 목회자들에게만 주신 것은 아니라는 증거가 있다.
  8절 이하는 어떤 가정적 환경 속에서 남자와 여자를 폭넓게 말하고 있다.
  "그러므로 각처에서 남자들이 분노와 다툼이 없이 거룩한 손을 들어 기도하기를 원하노라"
- 각 집마다 남자들이 식구들을 위해 손을 들어 기도하면 무슨 역할을 하고 있는 것인가?
  제사장 역할. 중보자 역할을 하고 있는 것이다. 나 자신의 문제도 기도로 해결하고 다른 사람의 문제도 해결하는 역할을 해 줄 수가 있다.
- 그런 의미에서 볼 때 우리 모든 그리스도인들이 다 뭐라는 것인가? 다 제사장이라는 것이다.
  옆 사람 보면서 "당신도 제사장이군요. 예전엔 미처 몰랐어요."
- 만인 제사장직의 원리가 어떻게 적용되어야 하는가?

2. 만인 제사장직의 원리를 적용할 때의 주의점

만인 제사장직에 대한 진리를 믿는다면서 실제로는 그렇게 행하지 않는 경우도 많지만, 동시에 만인 제사장직을 극단적으로 적용하는 경우도 없지 않다. 만인 제사장직의 원리를 적용할 때 주의해야 할 점은 무엇일까?

1) 성직자 우상화의 미신을 버려야 한다.

- 우리는 결코 중보자가 아니다. 소위 교주의식을 갖는 것.
- 성직이란 말은 성서적이 아니다.
  특별한 사람만을 성직이라고 하는 말은 신약성경에는 없다. 성도라는 말은 나온다. 누가 성도인가? 모든 신자.

- 모든 직업이 다 성직이라고 생각한다.

  만인 제사장직의 발견과 함께 루터나 칼빈이 동시에 또 하나 발견한 것이 모든 직업의 성직성이다.

  ① 루터는 "소의 젖을 짜고 있는 하녀가 하나님이 내게 이 일을 주셨다는 분명한 사명을 가지고 하나님을 위하여 소젖을 짜고 있다면 그 직업은 분명히 성직"이라고 했다.

  ② 칼빈도 "그 직업 자체가 우리로 죄를 짓게 하지 않는 한 직업의 내용 자체가 직업을 성직으로 만들지 않는다. 단 그 직업에 임하는 동기, 직업을 수행하는 태도, 직업을 수행하는 목표가 직업의 성직성을 결정한다. 하나님을 위해서 어떤 일을 하면 그것이 다 성직이다."

- 물론 목사가 성직이라고 생각한다. 그러나 목사만 성직이라고 생각하지 않는다.

  그 개념도 상당히 구약적이다. 그런 것들을 지나치게 강조하다 보면 구약적인 것으로 후퇴해버릴 수 있는 가능성이 많다. 사실 성직자라는 말보다는 사역자라는 말이 더 타당하다. 복음의 사역자이다. 목사만 성직자가 아니다. 구약적인 의미에서 목사만 중보자가 아니다. 더군다나 목사만 예수님을 대표하거나 대리하는 사람도 아니다. 대리는 그 사람이 없을 때 하는 것 아닌가? 예수님이 없을 때가 있는가? 예수님은 항상 계신다. 사역자는 예수님을 수종드는 종들에 불과하다. 이것이 극단으로 가면 안 된다.

- 다음 두 번째가 중요하다.

2) 만인 제사장직의 적용은 영적지도자의 존재를 과소평가하지 않는다.

- 만인 제사장직에 의하면 특별한 사람만 하나님이 쓰시는 사람일 수 없다.

  그러니까 사역자는 오히려 사역에 걸림돌이 될 수 있다고 풀타임 사역자를 부정하는 교파가 생겼다. 퀘이커교, 형제교단 등이 그렇다. 이런 교파들이 아주 잘못되어 있는 것은 아니고 부분적으로는 진리를 가지고 있으나 극단으로 가고 있다.

- 신약성경은 만인 제사장직을 강조하면서 여전히 영적 지도자를 강조하는가? 강조하지 않는가?

  "너희를 인도하는 자들에게 순종하고 복종하라"(히 13:17a)

- 영혼을 인도하는 자들이 있는가? 없는가?
- 영적 지도자들에게 쓰여진 보다 공식적인 호칭은 감독이었다.

  감독이라는 단어 자체는 양 무리를 잘 지도하고 돌보고 감독한다는 의미가 있다. 그 필요가 있는가? 없는가? 있을 정도가 아니라 절대적으로 필요하다. 그 감독을 제대로 만나지 못하면 우리의 신앙은 제대로 보호되지 못하고 성숙될 수 없다. 이것이 절대로 영적 지도자의 불필요성이나 부재를 강조하는 말은 아니다.

- 만인 제사장직을 너무 강조한 나머지 목사님이 필요 없다고 나오면 너무 지나치게 간 것이다.
  우리 인간은 항상 하나의 극단에서 다른 극단으로 가려는 경향을 가지고 있다.
- 그럼에도 불구하고 세 번째가 중요하다.

3) 자신의 제사장직의 특권을 포기하지 말아야 한다.

- 우리 이미 살펴 본 제사장직의 특권은 무엇인가?
  내가 하나님 앞에 언제든지 나가서 만날 수 있다. 그럼 그 특권을 사용해서 자주 만나야 한다. 또 다른 사람의 문제도 해결해 줄 수 있다. 그럼 그 일을 해야 한다. 또 하나님과 만나서 교제할 수 있다. 그런데 왜 그것을 안 하는가?
- 한국교회가 꼭 예배 끝에 축도를 하기 때문에 축복은 목사님만 하는 것이라고 생각하는데 신약에 보면 축복은 누구나 할 수 있는 것이다. 우리가 다른 사람을 축복하는 기도, 축복의 말을 하는 것이 얼마나 좋은가?
  너무 그것을 의식화시켜 놓으니까 축복은 목사님만 하는 것이라고 오해하게 되었다. 구약에는 아론이 백성들을 축복하는 일을 했다. 그래서 어떤 목사님들은 목사의 고유한 권한을 얘기할 때 목사에게는 축복권이 있다고 강조하고 있다. 어떤 분은 저주권도 있다고 강조한다. 이것은 보통 잘못된 것이 아니다. 완전히 잘못된 것이다.
- 우리가 다 제사장이다.
  이웃들을 다 축복할 수 있다. 영국에 있는 어떤 교회는 주보 안에 축도가 적혀 있어서 다 같이 축도를 한다. 제사장의 특권을 포기하지 말아야 한다.
- 그러나 동시에 또 하나 중요한 것이 있다. 목사님들도 바뀌어야 하지만 평신도들도 바뀌어야 한다.
  목사님들이 와서 기도하면 축복을 받는 것 같은가? 부목사님 와서 하는 것이 더 축복인가? 담임목사님이 와서 하는 것이 더 축복인가? 전도사님이 와서 기도하면 어느 정도 축복받는 것 같은가? 마을 목자가 와서 해 주면 어떤가?
- 목사 편에도 문제가 있지만 교인들 편에서도 보통 문제가 많은 것이 아니다. 사역자도 교인들한테 축복을 받을 수 있는가?

어떤 때는 우리도 외롭다. 우리도 여러분한테 축복을 많이 받아야 한다. 우리는 축복을 해야만 할 사람이 아니라 축복을 받기도 해야 하는 사람이다. 축복은 주고받아야 한다.

- 그러나 교회와 예배의 질서를 위해서 목사가 축도하는 것은 아름다운 전통이다.

4) 제사장으로서의 책임있는 삶을 살아야 한다.

- 제사장의 특권만 주장할 것이 아니라 제사장으로서의 의무를 잘 해야 한다. 제사장 노릇을 제대로 해야 한다.
- 지금 열거한 것은 특권이지만 동시에 의무라고 할 수 있다.
  예를 들면 이웃을 위해 기도하는 것은 특권이면서 동시에 의무이다. 그것을 다 하는 것이 제사장 노릇을 하는 것이다. 전도하는 것이 다른 사람을 주께로 인도하는 놀라운 일인데 의무를 왜 이행하지 않는가? 예배할 때 찬양의 제사를 직접 드릴 수 있다.
- 우리가 지나치게 목사 중심의 성직론을 펼치다 보니 이런 경향이 있다.
  목사들이 거룩한 삶을 사는 것이 좋을까? 안 좋을까? 거룩한 삶. 마땅히 그래야 한다. 그럼 여러분은 어떤가? 나야 집사니까. 나는 가끔씩 해도 괜찮다는 생각이 바뀌어야 한다.
- 목사의 성직의 우상화를 극복하기 위해서 중요한 것은 성도들도 책임을 다 해야 한다. 목사에게 요구하고 싶었던 요구나 어떤 기대를 동시에 누구한테 기대해야 하는가? 나 자신에게 요구하고 기대해야 한다. 나도 그런 삶을 살아야 한다. 그럴 때 만인 제사장직의 이상이 진정으로 실현되는 것이다.
- 제사장으로서 책임 있는 삶을 살기 위해서는? 모든 평신도들도 저마다 자기 사역을 발견해야 한다.
  목사는 지도적 사역자이다. 그러나 목사만이 사역자가 아니다. 모든 사람이 사역자이다. 믿는가? 하나님이 내게 은사를 주셨다면 내 은사를 통해서 모든 평신도가 자기 사역을 해야 한다.
- 이를 위해서는 두 가지가 필요하다.
  ① 첫째는 자기 은사를 알아야 한다.
  내 은사에 맞는 자기 사역을 가지고 평생 나는 ㅇㅇ 일을 해야 한다. 가르치는 일, 다른 사람을 돕는 일, 섬기는 일 등. 자기 사역을 개발해야 한다.
  ② 자기 사역이 있어야 한다는 것에서 주의해야 할 것은 맡은 모든 사역이 교회 자체와 관련이 있어야 하는 것이다.

그것이 독립적인 사역이 되어서는 안 되고 결국 그것이 교회를 세우는 일이어야 한다. 자기 사역을 해야 되는데 그것은 궁극적으로 예수 그리스도의 몸 된 교회를 세우는 일이어야 한다. 한국 교회가 평신도를 세우는 것을 인정하지 않으니까 뛰쳐나가서 혼자서 사역을 하는 경우가 있다. 교회는 은사를 발견하여 사역을 개발해 주어야 한다.

- 한국 교회가 사역을 안 하다 보니 계급에 관심을 많이 가지게 되었다.
  사역을 하는 신자가 제대로 된 신자이다. 세계 교회에서 가장 본받고 싶어 하는 교회가 시카고의 윌로우크릭 교회이다. 그 교회는 은사를 철저하게 점검하여 모든 성도들이 다 일하게 한다. 숫자가 많음에도 구경꾼이 적고 대부분 다 일을 한다. 자동차 펑크 때워 주는 일도 단순히 일차원이 아니라 사역의 차원에서 하고 있다.
- 자기 사역을 발견하여 하나님의 일을 하는 사람이 될 때 만인 제사장직이 제대로 적용된 것이다.
  각기 다 어떤 일을 해야 한다.
- 교회 직책 타이틀은 있어도 좋고 없어도 좋고 하나님이 내게 맡겨 주신 일을 평생 보람 있게 감당하자. 이것이 얼마나 아름다운 교회의 이상인가? 이것이 성경이 보여 주는 교회상이다.

이제 지금까지 배운 시항을 정리하면서, 그리스도인이 개인적 자율성을 가진 존재라는 점이 만인 제사장 교리와 어떤 관련성을 가지고 있는지 생각해 보자.

결론

신학자 멀린스(E.Y. Mullins)는 "만인 제사장직은 영혼의 자율적 능력의 교리는 하나님께 대한 표현이며, 교회의 민주적 특성은 이 교리에 기초하여 개인의 신앙적 삶이 교회에 대하여 적용된 결과이다. 어떤 인간적 사제도 한 개인의 영혼과 하나님 사이에 중보자됨을 주장할 수 없는 이유는 영혼의 자율적 능력이 모든 신자에게 주어진 보편적인 것이기 때문이다."

• 이 내용을 배운 어떤 목사님의 반응
"목사님, 이런 내용을 교인들이 알면 교인들이 다 기어오릅니다."
우리 침례교회 목회 사역의 목표는 모든 교인들이 모두 다 담임목사의 수준까지 기어오르게 하는 것 이어야 합니다.
• 교인들이 무식한 것이 하나님의 목표인가?
본인이 자라나고 성장하셔서 본인의 사역을 해야 한다. 그러나 그 사역이 궁극적으로는 그리스도의 몸 된 교회에 유익을 주고 하나님께 영광을 돌리는 아름다운 사역이 펼쳐져야 한다. 바로 이것이 모든 교회를 향한 그리고 침례교회를 향해 기대하시는 하나님의 아름다운 이상이고 목표이다. 우리 교회가 그런 교회가 되도록 기도하자. 그리고 그 책임을 여러분과 내가 다 할 수 있기를 바란다.

〈 암송 요절 〉

그러므로 형제들아 우리가 예수의 피를 힘입어 성소에 들어갈 담력을 얻었나니(히브리서 10:19)

그러나 너희는 택하신 족속이요 왕 같은 제사장들이요 거룩한 나라요 그의 소유가 된 백성이니 이는 너희를 어두운데서 불러내어 그의 기이한 빛에 들어가게 하신 이의 아름다운 덕을 선포하게 하려 하심이라(베드로전서 2:9)

과제

본과의 내용을 공부하며 성서가 증언한 "영혼의 개인적 자율성"과 "만인 제사장직의 교리"의 내용이 무엇인지를 200자 이내 일곱 줄 정도로 요약하고, 이 교리의 이해가 나 자신의 신앙생활과 교회생활에 미칠 수 있는 영향을 약술하십시오.

제 5 장

우리는
"두 개의 교회 의식"을
믿습니다

제 5 장

우리는 "두 개의 교회 의식"을 믿습니다

로마 카톨릭 교회에서는 일곱 가지의 성례전(Sacraments)을 지키고 있으나 역사적으로 전통적으로 복음주의적 교회들과 침례교회는 성서에 나타난 두 가지 의식으로 ① 침례(Baptism)와 ② 주의 만찬(Lord's Supper)을 지켜왔다.

왜 두 가지 뿐인가? 의식의 타당성을 결정하기 위해 복음적인 그리스도인들은 다음과 같은 세 가지 질문을 물어왔다.

① 예수님이 이 의식을 지키도록 명하셨는가?

② 신약교회가 이 의식을 실천하는 모본을 보였는가?

초대교회에서 실천된 사례가 있는가? 세족식은 이 두 번째 범주에 들어가지 못한다.

③ 이 의식이 상징하는 의미가 오늘의 성도들에게 참된 교훈이 되고 있는가?

우리는 이 세 질문에 합당한 의식은 침례와 주의 만찬밖에는 없다고 생각한다.(예: 카톨릭에서는 혼배성사를 거행하나, 주께서 이 의식을 명한 일이 있는가? 주께서 참여해서 축복하신 일은 있지만 명령된 일은 없다.)

침례교인들은 이 두 가지 의식을 명명함에 있어서 성례전(Sacraments)이라는 단어보다는 의식(Ordinances)이라는 표현을 선호하였다. 그 이유는 이 의식 자체가 하나님의 은혜를 전달하는 수단인 것처럼, 심지어는 구원의 방편처럼 과거에 오해되어온 종교적인 미신을 피하기를 원하였기 때문이다. 그러나 침례교인들은 이 두 가지 의식에 자발적으로 참여함으로 지역교회의 온전한 일원이 된다고 믿어 왔다.

- Sacraments(성례전)의 sacra는 영어의 save와 같다. 이것이 구원이라는 개념과 연관이 되어 있다.
  이 의식을 참여함으로 마치 구원을 받는 것처럼 사람들을 오도할 가능성이 많다. 그래서 성찬이라는 단어보다도 주의 만찬이라는 단어를 선호했다. 그 이유는 의식 자체가 하나님의 은혜를 전달하는 수단인 것처럼, 심지어는 구원의 방편처럼 과거에 오해되어 온 종교적 미신을 피하기를 원했기 때문이다.

Ⅰ. 신자의 침례

침례에 의하여 성도들은 그가 은혜로 구원받아 그리스도인이 되었음을 고백하고 동시에 지역교회의 한 지체가 된다.

성서는 "신자의 침례"(Believer's Baptism)만을 가르치고 있다. 침례의식에 의하여 신자가 된다든지, 신앙을 갖게 될 희망과 노력을 전제로 한 침례의 모본은 성경에는 없다.

이런 이유 때문에 침례교회에서는 유아세례(유아침례)를 베풀지 않는다. 유아가 구원받는 것이 하나님의 뜻이라면 하나님은 침례 곧 "뱁티즘"(Baptism)이라는 의식에 의존하지 않고도 구원하실 것이라고 믿는다. 성경이 보여주는 침례는 언제나 신앙을 갖게 된 사람들이 신앙의 고백을 위하여 참여한 "신자의 침례"였다

(예: 행 2:40-41, 8:12, 18:8, 19:4-5).

Believer's Baptism을 강조

- 침례교가 단순히 침례를 강조한다고 생각하기 쉬운데 침례교가 강조하는 것은 침례가 아니라 신자의 침례이다. 이것을 Believer's Baptism이라고 한다. 그냥 침례를 강조한 것이 아니라 신자의 침례를 강조한 것이다.
- 그리스도인이 된 사람이 신앙의 고백으로써 받는 것이지 그 의식에 참여함으로써 크리스천이 되는 것이 아니다.
- 신자의 침례를 강조하니 자연히 유아세례를 어떻게 생각할까?
  방금 태어난 아이들이 신앙고백이 있는가? 없다. 그것이 침례교가 유아세례를 받아들이지 않는 이유이다.
- 하나님이 어린아이를 불쌍히 여기셔서 구원에 이르기를 원하신다면 의식에 참여하느냐 안 하느냐 상관없이 어린아이들을 얼마든지 구원할 수 있다고 믿는다.

신자의 침례에 대한 성서적 근거

① 행 2:40 **"또 여러 말로 확증하며 권하여 이르되 너희가 이 패역한 세대에서 구원을 받으라 하니"** 구원을 받으라는 구원의 복음을 듣고 받아들인 사실에 근거해서 침례를 주었다. 신앙이 전제되어 있는 침례인 것을 보여 주고 있다.

② 행 8:12 **"빌립이 하나님 나라와 및 예수 그리스도의 이름에 관하여 전도함을 그들이 믿고 남녀가 다 침례를 받으니"** "믿고" 그 다음에 침례를 받았다.

③ 행 18:8 **"또 회당장 그리스보가 온 집안과 더불어 주를 믿으며 수많은 고린도 사람도 듣고 믿어 침례를 받더라"** 먼저 복음을 듣고, 믿고, 그 다음에 침례를 받았다.

④ 행 19:4 **"바울이 이르되 요한이 회개의 침례를 베풀며 백성에게 말하되 내 뒤에 오시는 이를 믿으라 하였으니 이는 곧 예수라 하거늘"** 믿음이 온 후에 비로소 그들이 온전히 그리스도인의 자리에 서게 되는 것을 볼 수 있다.

• 이상을 볼 때 침례가 믿음이 전제되지 않은 경우가 없다.
그래서 이것을 신자의 침례라고 부른다. 침례교는 형식상의 침수례만 강조하는 것이 아니라 신자의 침례를 강조한다. 이것이 중요하다.

1. 침례의 어원적 연구

1) 낱말의 뜻

명사 – Baptisma 혹은 Baptismos

동사 – Baptizo 혹은 Bapto

① 침수시키다(to immerse), 물속에 담그다(to dip into)

② 씻어 정결케 한다(to purify by washing)

주의: "뿌린다"(sprinkle)는 뜻은 일체 없다.

• 밥티조는 "젖는다, 물 아래로 들어간다, 완전히 젖는다"는 뜻이다. Bapto는 "침수시킨다. 물로써 완전히 덮는다." 일반적으로 제 일차적 뜻이 "침수시킨다. 물속에 젖게 한다는 뜻이고, 두 번째로 "씻는다. 붓다"는 뜻이 있다. 이 단어를 정확하게 번역하면 침례이다. 이미 일본 교회에서는 밥티스

마라는 단어를 그대로 썼다.

- 칼빈의 기독교 강요 제 4권 15장 9절(p. 399)과 4권 16장 13절
  "밥티조라는 단어 그 자체는 침수하다는 것을 의미한다. 또 초대교회가 침수례 의식을 지켰다는 것은 의심의 여지가 없다."
- 칼빈의 사도행전의 에디오피아 내시의 침례 사건을 주석
  "이 구절에서 우리는 초대 교회의 교인들이 몸 전체를 물속에 잠그는 관례에 의해서 침수례를 행하였음을 알 수 있다."
- 교회 역사가인 필립 쉐프는 "희랍어 어원을 분석해 볼 때, 성경에 나타난 침례 사건을 고찰할 때, 그리고 역사적으로 초대교회의 의식을 검토했을 때 의심의 여지없이 합당한 신앙고백은 침수례였다."
- 장로교 전통에 있는 칼 바르트는 "희랍어의 밥티조는 원래 물속에 완전히 들어갔다가 나오는 것을 의미했다"고 말했다.「Teaching」pp.9–10

다음 구절을 주의 깊게 살펴보고 관찰한 것을 써 보십시오.

마 3:6, 16	요단강에서/물에서 올라오실 때
요 3:23	많은 물
행 8:26–39	물에 내려가/물에서 올라와

마태복음 3:6, 16

[6] 자기들의 죄를 자복하고 요단강에서 그에게 침례를 받더니

[16]예수께서 침례를 받으시고 곧 물에서 올라오실새 하늘이 열리고 하나님의 성령이 비둘기 같이 내려 자기 위에 임하심을 보시더니

- **"자기들의 죄를 자복하고 요단강에서 그에게 침례를 받더니"** 대부분의 영어 성경에서는 in Jordan으로 되어 있다. 희랍어는 εν으로 되어 있다.
- 예수님이 물속에 들어가서 침례를 받으시고 물에서(out of water) 올라 오셨다. 물에서 올라 왔다는 것은 물속으로부터 나왔다는 뜻이다. 희랍어 απο라는 전치사가 사용되었다.

마태복음 3:11

나는 너희로 회개하게 하기 위하여 물로 침례를 베풀거니와 내 뒤에 오시는 이는 나보다 능력이 많으시니 나는 그의 신을 들기도 감당하지 못하겠노라 그는 성령과 불로 너희에게 침례를 베푸실 것이요

요한복음 3:23

요한도 살렘 가까운 애논에서 침례를 베푸니 거기 물이 많음이라 그러므로 사람들이 와서 침례를 받더라

- 그는 물로써 침례를 줄 것이다. "물로써"는 역시 εν이다. 물 안에서 준다는 의미이다.
- 요 3:23 **"요한도 살렘 가까운 애논에서 침례를 베푸니 거기 물이 많음이라 그러므로 사람들이 와서 침례를 받더라"**
  요한이 어디서 침례를 주었는가? 애논. 거기서 준 이유가 무엇인가? 거기 물들이 많기 때문.
- 마 26:23 침례에 대한 얘기는 아니다. 전혀 다른 얘기인데 밥토라는 단어가 나온다. **"그릇에 손을 넣는 그가 나를 팔리라"** 여기서 그릇에 손을 넣는 그 단어가 바로 밥토라는 단어이다.

사도행전 8:26-39

[26]주의 사자가 빌립에게 말하여 이르되 일어나서 남쪽으로 향하여 예
루살렘에서 가사로 내려가는 길까지 가라 하니 그 길은 광야라 [27]일어
나 가서 보니 에디오피아 사람 곧 에디오피아 여왕 간다게의 모든 국
고를 맡은 관리인 내시가 예배하러 예루살렘에 왔다가 [28]돌아가는데
수레를 타고 선지자 이사야의 글을 읽더라 [29]성령이 빌립더러 이르시
되 이 수레로 가까이 나아가라 하시거늘 [30]빌립이 달려가서 선지자 이
사야의 글 읽는 것을 듣고 말하되 읽는 것을 깨닫느냐 [31]대답하되 지도

해 주는 사람이 없으니 어찌 깨달을 수 있느냐 하고 빌립을 청하여 수
레에 올라 같이 앉으라 하니라 [32]읽는 성경 구절은 이것이니 일렀으되
그가 도살자에게로 가는 양과 같이 끌려갔고 털 깎는 자 앞에 있는 어
린 양이 조용함과 같이 그의 입을 열지 아니하였도다 [33]그가 굴욕을 당
했을 때 공정한 재판도 받지 못하였으니 누가 그의 세대를 말하리요
그의 생명이 땅에서 빼앗김이로다 하였거늘 [34]그 내시가 빌립에게 말
하되 청컨대 내가 묻노니 선지자가 이 말한 것이 누구를 가리킴이냐
자기를 가리킴이냐 타인을 가리킴이냐 [35]빌립이 입을 열어 이 글에서
시작하여 예수를 가르쳐 복음을 전하니 [36]길 가다가 물 있는 곳에 이
르러 그 내시가 말하되 보라 물이 있으니 내가 침례를 받음에 무슨 거
리낌이 있느냐 [37](없음) [38]이에 명하여 수레를 멈추고 빌립과 내시가 둘
다 물에 내려가 빌립이 침례를 베풀고 [39]둘이 물에서 올라올새 주의 영
이 빌립을 이끌어간지라 내시는 기쁘게 길을 가므로 그를 다시 보지
못하니라

- 행 8:26-39까지 보면 에티오피아 내시가 빌립을 만나서 복음의 말씀을 듣는다.
  복음을 듣고 예수 믿기로 결심하고 얼마쯤 있다가 침례를 받았는가? 즉시로.
- 예수 믿고 침례 받는다고 하면 성경의 모본에 의하면 언제 주어야 하는가? 바로 줄 수가 있다. 물론 교회의 관례와 편리를 위해 일 년에 몇 번 주지만 구원받고 그리스도인된 것을 빨리 고백하고 싶어서 침례 받으려 하면 거절할 이유가 전혀 없다. 그것이 성서적이다. 단지 그 의식이 혹시 남용될 수 있을까 확인하는 과정을 위해서 중간에 학습이라는 것도 생기고 했는데 그렇게 하다 보니 복음에 의해 응답하고 받은 것이 아니라 사람들이 교육을 받은 것에 의해 받은 것으로 잘못 알 수도 있다.
- 신약성경의 원형은 복음을 받아들인 다음에 신앙을 고백했다.

2) 고전 작가들의 사용

- 고전 작가들은 밥티조나 밥토를 한 번의 예외 없이 아주 일관성 있게 "물속에 잠긴다"는 뜻으로 사용했다.

아리스토텔레스(Aristotle), 요세푸스(Josephus)

3) 초대 교부들의 가르침

- 사도 요한이 마지막 사도인데 그가 죽고 난 다음에 초대교회를 이끌어 가던 그 다음 교부들이 이것을 어떻게 이해했는가?

씨릴(Cyril), 바실(Basil), 크리소스톰(Chrysostom)

① **씨릴(Cyril)** 예루살렘 교회 감독
- 그가 남긴 글 가운데 「침례에 대한 가르침」이라는 글이 남아 있다.
  "예수가 세상의 죄를 지고 죽으신 후에 그대를 의롭게 살리시려고 한 것처럼 그대는 물속에 들어가서 바위 안에 매장되듯 물속에 매장된 후에 새로운 생명으로 다시 태어나게 된다."
- 씨릴은 침례를 옛 사람이 죽는 영적 장례식으로 이해.

② **바실(Basil)** 가이사랴 교회 감독
- "우리는 물속에 잠김으로 그리스도의 매장을 본받는다. 왜냐하면 물속에 잠긴 자들의 몸은 물속에 매장되기 때문이다. 물은 무덤에서처럼 몸을 매장하는 죽음의 영상을 표현한다."
- 물속에 들어가는 것이 장사지냄의 상징이다. 나오는 것은? 부활의 상징.

③ **크리소스톰(Chrysostom)** 콘스탄티노플의 대주교
- 고린도전서를 강론하면서 "물속에 가라앉아 있다가 솟아오름은 하데스로 내려가는 것과 거기서 올라오는 것을 상징한다."
- 여기서 매우 일관성 있는 초대교부들의 침례에 대한 이해를 볼 수 있다.

2. 침례의 정의(롬 6:3–5)

로마서 6:3–5 연합

[3]무릇 그리스도 예수와 합하여 침례를 받은 우리는 그의 죽으심과 합
하여 침례를 받은 줄을 알지 못하느냐 [4]그러므로 우리가 그의 죽으심
과 합하여 침례를 받음으로 그와 함께 장사되었나니 이는 아버지의 영
광으로 말미암아 그리스도를 죽은 자 가운데서 살리심과 같이 우리로
또한 새 생명 가운데서 행하게 하려 함이라 [5]만일 우리가 그의 죽으심
과 같은 모양으로 연합한 자가 되었으면 또한 그의 부활과 같은 모양
으로 연합한 자도 되리라

- 여기서 매우 중요한 두 단어는 '함께'와 '연합'이다.
- '합하여'를 다른 말로 하면 '연합한다'는 말이다.
  그리스도의 죽으심, 장사 지내심, 부활의 사건에 연합되는 것이다. 그리스도가 죽었을 때 나도 죽었고, 그리스도가 장사지냈을 때 나도 장사지냈고, 그가 부활했을 때 나도 그 안에서 다시 살아났다. 왜냐하면 나는 그리스도를 믿음으로 그리스도 안에 연합되어 있기 때문이다.

1) 로마서 6:3–5에서 침례가 주는 의미를 세 가지 찾아 보십시오.

① 그리스도의 죽음에 연합함

② 그리스도의 장사지내심에 연합함

③ 그리스도의 부활에 연합함

2) 참고 구절(골 2:12, 벧전 3:21)

> 골로새서 2:12
>
> 너희가 침례로 그리스도와 함께 장사되고 또 죽은 자들 가운데서 그를 일으키신 하나님의 역사를 믿음으로 말미암아 그 안에서 함께 일으키심을 받았느니라

- **"너희가 침례로 그리스도와 함께 장사되고 또 죽은 자들 가운데서 그를 일으키신 하나님의 역사를 믿음으로 말미암아 그 안에서 함께 일으키심을 받았느니라"**
- 여기서도 무슨 단어가 강조되었는가?
  '함께' 침례를 통해서 함께 장사 지냈고 함께 일어났다는 것을 보여주는 것이 침례이다.
- 그럼 물을 뿌리는 것이 내가 죽었고 장사지냈고 부활했다는 것을 충분히 나타내 줄 수 있다고 생각하는가?

> 베드로전서 3:21
>
> 물은 예수 그리스도께서 부활하심으로 말미암아 이제 너희를 구원하는 표니 곧 침례라 이는 육체의 더러운 것을 제하여 버림이 아니요 하나님을 향한 선한 양심의 간구니라

- **"물은 예수 그리스도께서 부활하심으로 말미암아 이제 너희를 구원하는 표니 곧 침례라 이는 육체의 더러운 것을 제하여 버림이 아니요 하나님을 향한 선한 양심의 간구니라"**
- 여기서 재미나는 것은 물이다. 물은 구원하는 상징이다.
  물 자체가 구원하는 것은 아니다. 또한 침례교회에서는 침례의식이 구원을 준다고 절대로 가르치지 않는다. 그것은 의식에 불과하다.
- 침례는 예수님의 부활 사건 안에서 나도 주님 안에서 새로운 사람이 되었다는, 구원받았다는 것을 공표하는 거룩한 의식이다.

"침례"란 죄인들이 자기들의 죄 문제를 해결하기 위하여 십자가에서 죽으시고 장사지낸바 되시고 사흘만에 부활하신 그리스도를 믿음으로 그에게 연합되어 그가 죄사함받고 구원받아 새 사람이 된 것을 고백하는 거룩한 의식이다. 침례의 가장 중요한 의의는 그리스도의 사건에의 동일시(Identification) 혹은 연합(Union)에 있다.

- 분명히 이해가 되었는가? 왜 침례교에서는 침례만이 합당한 것이라고 주장하는가? 그 이유가 무엇인지 정리해 보자.

3. 침례의 올바른 형식

왜 침수례(Baptism by immersion)만이 합당한 형식인가?

1) 침례("Baptism")의 어원이 일차적으로 '침수시킴'을 뜻한다.

2) "침례준다"는 동사와 함께 사용된 전치사들(into, out of, in)이 모두 침례의식을 지지한다.

3) 기독교적 침례 이전의 유대인의 개종식(Proselyte baptism)도 침수례였다.

4) 침례만이 그리스도와의 죽음, 장사지내심, 부활사건과의 연합을 올바로 표현한다.

5) 신약성서와 초대교회에서 준행된 성례의 보편적 형태는 침례였고, 세례는 병든 자를 위한 예외적 의식으로 나중에 등장하기 시작하였다.

〈주의〉

2세기에 병든 사람들을 위한 소위 병상세례(Clinical baptism)이 시행되었다. 초대교회 문서에는 AD 200-257에 키프리언(Cyprian)이 특수한 경우 부음 곧 "Pouring"에 의한 Baptism을 실행한 것으로 기록되었으나(Didache 참조) 일반적으로 세례는 12세기까지는 용납되어지지 않았다.

- 후대에 와서 편리를 위해서 세례를 주기 시작하였다. 중요한 것은 교회가 어떠한 것을 결정했는가가 아니라 예수님이 무엇을 요구하셨고 초대교회의 모본이 무엇이었는가가 훨씬 더 중요한 것이다.

4. 침례의 성서적 목적

1) 중생한 성도의 신앙고백으로서

- 신앙고백을 말로도 고백할 수 있지만 침례 그 자체가 신앙고백이다.

2) 주님의 명령에 대한 순종으로서

- 어떤 사람은 침례를 "첫 번째 순종"이라고 한다. 침례가 명령인가? 아닌가? **"모든 족속으로… 침례를 주라"** 명령이다. 그러니까 침례 받는 것은 순종이다.
- 나는 교회는 나가지만 침례를 안 받는다는 것은 가장 중요한 명령을 불순종하고 있는 것이다.

3) 예수 그리스도와 사도들의 모본을 따라

- 예수님이 요한에게 침례를 받으셨다. "이렇게 하여 하나님의 의를 이루는 것이 합당하다"
  "이렇게 하여"라는 단어를 달리 번역하면 "이러한 방법으로"이다.
- 그 방법은 침례를 의미한다. 침례라는 방법으로 의를 이루는 것이 합당하다.
- 요 4:1-2 **"예수께서 제자를 삼고 침례를 베푸시는 것이 요한보다 많다 하는 말을 바리새인들이 들은 줄을 주께서 아신지라 (예수께서 친히 침례를 베푸신 것이 아니요 제자들이 베푼 것이라)"**

예수님이 안 준 것이 아니라 주셨을 것이다. 그러나 제자들을 시켜서 많이 주셨다. 그래서 어떤 소문이 퍼졌는가?

4) '하나님의 의'를 이루기 위해

- 마 3:15의 말씀처럼 이렇게 하여 하나님의 의를 성취한다. 하나님의 마음 속에 하나님의 의를 이루는 방편이었다.

5) 몸의 부활에 대한 소망을 나타내기 위해

- 물속에서 나올 때 옛 사람은 죽고 새 사람이 되었다는 것을 나타내기도 하지만 그 어느 날 육체적으로 저렇게 부활한다는 것을 나타내 주는 것이다.
- 고전 15장 전체가 이것을 다루고 있다. 29, 30절에 힌트가 나와 있다.
  이것은 난해 구절이다. 죽은 자를 위한 침례라는 말이 나온다. 이것은 그 당시 기독교의 관례가 아니라 이방종교들의 관례이다. 바울 사도가 이렇게 말하는 사람들과 바울을 구별하고 있다. **"어찌하여 그들을… 우리가 언제나…"**
- 여기서 이것은 직접적인 언급은 아니지만 간접적으로 심지어 그 당시에 침례가 부활의 소망과 관련된 어떤 것이 보편적으로 인식되고 있었다는 것을 알 수 있다.

결론

침례교회는 "두 번의 침례"(Anabaptism)를 가르치지 않는다. 단 형식에 있어서 두 번 받게 되는 경우는 전자의 형식이 나에게 무의미하였거나(예: 구원의 믿음을 갖기 전에 침례/세례(Baptism)에 참여한 경우) 구원의 고백을 나타냄에 있어서 뱁티즘(Baptism)의 방법이 불완전(Incomplete)하였고 성서적이지 못하였기 때문이다. 물과 성령으로 거듭난 크리스챤은 성경에서 주께서 명하신 교훈대로 성경적 방법에 의하여 침례를 받아야 한다.

- 침례교회는 한 번의 침례만 강조한다.
- 그럼 다른 교회에서 "세례를 받은 사람은 어떻게 하느냐?" 하는 문제에 대

해서 침례교는 역사적으로 두 가지 그룹으로 나뉘어 있다.

① 어떤 사람들은 성경이 가르치지 않은 세례는, 비성서적이니 제대로 된 침례를 받아야 한다.(두 번 받으라는 의미가 아님)

② 비록 방법은 달리 받았지만 침례를 받는 것과 동일한 정신으로 받았다면(정말 구원의 믿음을 가지고) 그 형식은 온전하지 못해도 그것을 부인할 수는 없다.(존 번연의 입장)

- 그러나 어떤 사람이 성경을 읽다가 "물속에 들어갔다 나오는 침례로 그리스도 안에서 새로운 사람이 된다"고 가르치는 것을 확신이 있어서 그렇게 한다면 막을 이유는 없다.
- 그러나 침례교회가 결코 교리적으로 두 번, 세 번의 침례를 가르치는 것은 아니라는 것을 분명히 해야 한다. 오직 단 한 번의 침례만을 가르친다. 단지 성서적 방법대로 순종하고 싶다고 하면 그것을 수용할 따름이다.
- 이것이 침례교회의 일반적이고 공식적인 입장이다.

Ⅱ. 기념적 주의 만찬

침례가 신자와 예수 그리스도의 유일회적인 영원한 연합(Once for all)을 상징하는 것이라면, 주의 만찬은 구원받은 신자의 예수 그리스도와의 계속적인 교제를 상징하는 것이다. 침례가 단 한번 받음으로 신앙의 출발을 상징함(The Initiatory Ordinance)에 반하여 주의 만찬은 지속적이요 반복적인 것으로 신앙의 지속적 성숙과 영원한 계속(The Repeated Ordiance)을 상징한다.

- 침례교회가 두 번 침례를 강조하는가? 절대로 그렇지 않다.
- 그러나 성찬식은 몇 번 참여하는가?
  많이 참여하는 것이 좋은가? 적게 참여하는 것이 좋은가? 많이.
- 침례의 상징은 내가 연합한다는 것이다.
  연합은 몇 번 하는가? 한 번. 부모의 자식으로 몇 번 태어나는가? 한 번.
- 침례가 관계를 상징하는 것이라면 만찬은 교제를 상징하는 것이다.
  교제는 지속적으로 해야 한다.

1. 주의 만찬에 대한 여러 가지 설명

1) 화체설(Transubstantiation: 化體說) 천주교

- 내가 떡을 받고 포도주를 받는 순간에 예수의 살과 예수님의 피로 변한다는 입장. 즉 카톨릭의 입장이다. 대부분의 개혁자들은 이것을 종교적 미신이라고 했다.

2) 공재설(Consubstantiation: 共在說) 루터교

- 루터가 주장한 입장이다. 예수님의 몸과 피로 변하는 것은 아니지만 성찬의 순간에 예수님의 몸과 피가 그 자리에 함께 신비적으로 공존한다는 주장이다.

3) 영적 임재설 장로교

- 공재설하고 거의 비슷한 것으로 칼빈이 주장하는 것이다.
  이것은 장로교의 공식 입장이다. 내가 성찬에 참여하는 순간 예수 그리스도께서 특별히 역동적으로 임재한다는 주장이다.

4) 기념설 침례교

- 성경말씀 그대로를 받아들이는 입장으로 쯔빙글리의 주장이다.
  고전 11:25 말씀대로 **"이것을 행하여 마실 때마다 나를 기념하라 하셨으니"** 말씀과 같이 예수님께서 나를 위해 피를 흘리시고 나를 위해 죽으신 것을 기념하는 것이다. 침례교는 이 입장을 따른다.
- 쯔빙글리는 루터와 칼빈의 입장에 대해서 "성찬식에 특별히 더 임재하시고 공존한다고 믿는 것은 카톨릭에서 가지고 나온 누더기 옷이다"라고 했다.

위의 4가지 설명 중 우리는 4번 견해를 받아들인다.

2. 주의 만찬의 세 시선(고전 11:23-30)

1) 과거 지향적(Retrospective): 주의 죽으심(26절)을 기억

- 떡을 떼고 잔을 받을 때 무엇을 생각하는 것인가? 그 때마다 갈보리 언덕의 십자가를 바라보아야 한다.

2) 현재 – 내면 지향적(Introspective): 자신(28절)의 상태를 성찰

- 고전 11:27 **"그러므로 누구든지 주의 떡이나 잔을 합당하지 않게 먹고 마시는 자는 주의 몸과 피에 대하여 죄를 짓는 것이니라"**
  28절 **"사람이 자기를 살피고 그 후에야 이 떡을 먹고 이 잔을 마실지니"**
- 주의 만찬은 주님과 교제하는 것인데 거룩한 주님 앞에 서기에 합당한가? 나를 위해 죽으시고 피를 흘려주셨는데 오늘 내가 그분을 기억하고 기념하기에 합당한 자리에 있는가 자신을 살피보아야 한다.

3) 미래 지향적(Prospective): 주님의 재림(26절)을 대망

- 주의 만찬이 끝나는 때는 주님이 다시 오실 때이다. 다시 오실 주님 앞에 영광스럽게 설 것을 소망하며 바라보아야 한다.
- 주의 만찬은 항상 몇 가지 시선이 필요한가?
  ① 첫 번째 과거적(갈보리 십자가),
  ② 현재적
  ③ 미래적으로 다시 오실 주님을 바라보아야 한다.
- 주의 만찬을 제대로 참여하려면 어떤 준비가 필요한가?

> 고린도전서 11:23-30
> 23 내가 너희에게 전한 것은 주께 받은 것이니 곧 주 예수께서 잡히시던
> 밤에 떡을 가지사 24 축사하시고 떼어 이르시되 이것은 너희를 위하는
> 내 몸이니 이것을 행하여 나를 기념하라 하시고 25 식후에 또한 그와 같
> 이 잔을 가지시고 이르시되 이 잔은 내 피로 세운 새 언약이니 이것을
> 행하여 마실 때마다 나를 기념하라 하셨으니 26 너희가 이 떡을 먹으며
> 이 잔을 마실 때마다 주의 죽으심을 그가 오실 때까지 전하는 것이니
> 라 27 그러므로 누구든지 주의 떡이나 잔을 합당하지 않게 먹고 마시는
> 자는 주의 몸과 피에 대하여 죄를 짓는 것이니라 28 사람이 자기를 살피
> 고 그 후에야 이 떡을 먹고 이 잔을 마실지니 29 주의 몸을 분별하지 못
> 하고 먹고 마시는 자는 자기의 죄를 먹고 마시는 것이니라 30 그러므로
> 너희 중에 약한 자와 병든 자가 많고 잠자는 자도 적지 아니하니

3. 만찬의 준비

1) 믿음

- 아무나 참여할 수 있는가?
  십자가의 복음을 받아들인 사람, 믿음으로 예수 그리스도를 구주와 주님으

로 영접한 사람만이 참여할 수 있다. 즉, 믿음이 필요하다.

2) 명령에 대한 순종

- 기념하라는 것이 명령이다. 기념 안 하면 불순종이다. 오늘날에는 주의 만찬을 너무 안 한다. 편리를 위해서 자꾸 적게 하게 된다.

3) 회개와 고백

① 자신과 주님의 관계를 성찰

② 자신과 이웃의 관계를 성찰

- 나와 주님 사이의 관계와 이웃 사이의 관계에 막힘이 없는가를 살펴야 한다.

4) 감사

- 무엇보다도 감사함으로 받아야 한다.

||||||||| 결론 |||||||||

침례교인의 신앙과 메시지는 이렇게 기록하고 있다. "주의 만찬은 상징적인 순종의 행위로써 교회 회원들은 떡을 떼고 포도주를 마시면서 구속주의 죽으심을 기념하며, 그의 재림을 고대한다."
(침례교인의 신앙과 메시지 Ⅶ 침례와 주의 만찬 중에서)

〈 암송 요절 〉

19그러므로 너희는 가서 모든 민족을 제자로 삼아 아버지와 아들과 성
령의 이름으로 침례를 베풀고 20내가 너희에게 분부한 모든 것을 가르
쳐 지키게 하라 볼지어다 내가 세상 끝날까지 너희와 항상 함께 있으
리라 하시니라(마태복음 28:19–20)

너희가 이 떡을 먹으며 이 잔을 마실 때마다 주의 죽으심을 그가 오실 때까지 전하는 것이니라(고린도전서 11:26)

과제

나의 평소의 “지역 교회관”과 “침례와 주의 만찬”에 대한 이해와 성서의 교훈과의 차이가 무엇인가를 살피고 이 두 가지 의식에 대한 나의 결심과 고백이 있으면 기록해 보십시오.

A SERIES OF **TRAINING** BOOK

제 6 장

우리는
"지역교회의 자치성"과
"교회와 국가의 분리"를
믿습니다

제 6 장

우리는 "지역교회의 자치성"과 "교회와 국가의 분리"를 믿습니다

예수 그리스도를 구주와 주님으로 받아들이고 침례(Baptism)를 통해 신앙을 고백한 자율적 존재로서의 성도들은 자연스럽게 자치적인 지역교회의 한 지체가 된다. 우리는 자율성을 지닌 하나의 공동체를 통한 신앙성숙을 도모하며 하나님을 섬기고 세상을 향하여 복음을 증거하는 일을 우리는 배워야만 한다.

Ⅰ. 지역교회와 지역교회의 자치성

1. 교회란 무엇인가?

교회란 말은 본래 에클레시아 "ekklesia"인데 "~으로 부터"(ek=out of)와 "불러내다"(kaleo=call)는 단어들의 합성어로 예수 그리스도의 복음을 듣고 세상에서 불러냄을 받아 그리스도에게 속한 무리들의 공동체를 뜻한다.

1) 교회의 본질이 아닌 것들

건물

- 교회 역사적으로 보면 AD 300년경부터 교회 건물이 비로소 등장한다. 그 전에는 건물이 있었다는 흔적이 없다.
  지나치게 건물에 대한 중요성을 너무 강조하다 보니 건물이 교회의 본질처럼 오해하는 경향이 많이 생겼다.
- 그러나 교회의 본질은 사람이다.
  예수 믿는 사람들의 모임이 교회의 본질이다. 교회의 본질이 결코 건물은 아니라는 것을 분명히 인식해야 한다.

교파

(1) 성경 어떤 부분에도 교파가 정당화된 곳은 없다.
(2) 또 어떤 교파를 정당한 교파로 인정한 곳이 없다.

- 교파는 필요악이라고 생각한다.
  교회의 발전 과정에서 나타난 꼭 필요한 것이었지만 좋은 것은 아니다.
- 지금은 어떤 의미에서는 교파보다도 그 교회의 영적 지도자들이 무엇을 강조하느냐에 따라서 교회의 색깔이 결정되는 것이 사실 더 강하다.

- 예수님께서 마태복음에서 **"나의 교회를 세우리라"**고 말씀하셨다.
  예수님이 생각하신 것은 당신 자신의 기대와 뜻을 이루는 교회였다. 엄격하게 말하면 천주교회도 아니고, 장로교회도 아니고, 감리교회도 아니고, 물론 침례교회도 아니다. 주님은 단지 내 교회를 세우리라고 말씀하셨을 따름이다.
- 그럼에도 우리는 어쩔 수 없이 교파를 선택해야 한다. 그러나 교파는 결코 교회의 본질은 아니다.

의식

- 일반적으로 우리가 교회에 대하여 갖고 있는 이미지는 의식과 교회를 일치시키는 경향이 있다.
  거룩하다는 단어를 공부해 보면 이 단어가 의식과 관련된 것이 한 번도 없다. 의식 자체가 사람을 거룩하게 할 수가 없다. 말씀과 기도로 거룩하여진다는 말씀은 있다. 말씀의 지배를 받고 주님과 끊임없이 교통할 때 주님을 닮아가고 거룩해질 수 있다.
- 그러나 의식 자체가 우리를 거룩하게 만들지는 못한다.
  그럼에도 우리는 교회하면 의식을 먼저 떠올릴 가능성이 있다.
- 의식이 장엄할수록 교회가 거룩하다는 착각을 하는 사람이 의외로 많다.
  많은 사람들이 천주교를 택하는 사람 가운데는 그런 신비적 감성과 본성을 가진 사람들이 많다. 의식 그 자체를 교회의 거룩성과 혼동하는 경향들이 많다. 그러나 결코 의식이 우리를 거룩하게 못한다. 그러므로 교회의 본질이 결코 의식이 될 수 없다.
- 그렇다면 교회의 본질이 무엇인가?
  예수님이 있고 예수 믿는 성도들이 모이면 그것이 바로 교회이다. 그리스도가 거기 임재하시고 그리스도 믿는 사람들이 그리스도의 사명을 수행하기 위해서 형성된 공동체, 그것이 바로 교회의 본질이다.

2) 교회란 무엇인가?(마 16:13–20, 고전 3:10–11)

① 교회의 참된 기초

마태복음 16:13-20 예수님이 자신을 누구라 하느냐 하는 질문

13예수께서 빌립보 가이사랴 지방에 이르러 제자들에게 물어 이르시되
사람들이 인자를 누구라 하느냐 14이르되 더러는 침례 요한, 더러는 엘
리야, 어떤 이는 예레미야나 선지자 중의 하나라 하나이다 15이르시되
너희는 나를 누구라 하느냐 16시몬 베드로가 대답하여 이르되 주는 그
리스도시요 살아 계신 하나님의 아들이시니이다 17예수께서 대답하여
이르시되 바요나 시몬아 네가 복이 있도다 이를 네게 알게 한 이는 혈
육이 아니요 하늘에 계신 내 아버지시니라 18또 내가 네게 이르노니 너
는 베드로라 내가 이 반석 위에 내 교회를 세우리니 음부의 권세가 이
기지 못하리라 19내가 천국 열쇠를 네게 주리니 네가 땅에서 무엇이든
지 매면 하늘에서도 매일 것이요 네가 땅에서 무엇이든지 풀면 하늘에
서도 풀리리라 하시고 20이에 제자들에게 경고하사 자기가 그리스도
인 것을 아무에게도 이르지 말라 하시니라

- 반석이 무엇인가?

  전통적인 교회의 해석은 두 가지이다.

  ① 하나는 베드로의 신앙고백의 터전 위에 세워진다는 주장이다. 어떤 고백? 주는 그리스도시요 살아계신 하나님의 아들이라는 고백.

  ② 어떤 사람들은 이 반석은 그리스도 자신이시다. 신앙고백의 핵심이 예수 그리스도였다. 예수 그리스도 자신이 교회의 기초이시다. 어떤 성서학자는 처음에 너는 베드로라 할 때 베드로라는 말은 반석(반석의 한 부분)이라는 뜻이다. 그러나 다음의 반석은 커다란 반석을 의미하기 때문에 주님께서 말씀하실 때는 이 두 가지를 구별해서 말씀하신 것이라고 주장한다. 이 반석은 예수 그리스도라는 것이다. 이것은 상당히 일리가 있다.

- 두 가지 근거에서 생각해 볼 수 있다.

  베드로 자신이 쓴 베드로전서 2장 4-5절에 보면 다시 교회론을 전개하면서 **"사람에게는 버린 바가 되었으나 하나님께는 택하심을 입은 보배로운**

산 돌이신 예수께 나아가 너희도 산 돌 같이 신령한 집으로 세워지고 예수 그리스도로 말미암아 하나님이 기쁘게 받으실 신령한 제사를 드릴 거룩한 제사장이 될지니라"

- 교회라는 신령한 집은 산 돌, 즉 살아 있는 돌 위에 세워진다. 그런데 "이 살아 있는 돌은 바로 예수 그리스도이시다"라고 말한다.

* 16절에 나타난 예수 그리스도에 대한 <u>신앙고백</u>이 교회의 기초이다.

> 고린도전서 3:10-11 신앙의 터 = 예수 그리스도
>
> 10내게 주신 하나님의 은혜를 따라 내가 지혜로운 건축자와 같이 터를
> 닦아 두매 다른 이가 그 위에 세우나 그러나 각각 어떻게 그 위에 세울
> 까를 조심할지니라 11이 닦아 둔 것 외에 능히 다른 터를 닦아 둘 자가
> 없으니 이 터는 곧 예수 그리스도라

* 터(기초, foundation)는 곧 <u>예수 그리스도</u>이시다.

- 또 하나 중요한 구절이 고전 3:10이다. 여기서는 돌(반석)의 개념은 없지만 기초를 얘기하고 있다.
- 모든 신앙의 터가 예수 그리스도이심을 강조하고 있다. **"내게 주신 하나님의 은혜를 따라 내가 지혜로운 건축자와 같이 터를 닦아 두매 다른 이가 그 위에 세우나 그러나 각각 어떻게 그 위에 세울까를 조심할지니라"**
- 즉 교회의 기초는 예수 그리스도이심을 확인할 수 있다.

② 교회의 두 가지 유형

ⓐ 우주적 교회	<u>무형</u>교회(불가시적) | 승리적 교회
ⓑ 지역 교회	<u>유형</u>교회(가시적) | 전투적 교회

① 우주적 교회란 모든 시대와 모든 지역에 흩어져 사는 예수 그리스도의 이름으로 구원받은 성도들의 공동체 전체를 의미한다.

② 지역 교회란 우주적 교회의 이상을 실현하기 위해 지구촌의 특정한 지역마다 예수 믿는 성도들이 회집한 모임을 말한다.

- 우주적 교회의 이상을 실현하기 위해 지역에 흩어진 성도들이 모여서 모임을 갖는 것이 지역교회이다.
- 신학자에 따라 무형교회와 유형교회라는 말을 쓴다.
  무형교회라는 것은 사람이 보이지 않는 유령이라는 뜻이 아니라 전체를 다 볼 수 없다는 것이다. 왜냐하면 전 세계에 흩어져 있기 때문이다. 그러나 지역교회는 볼 수 있기 때문에 유형교회라고 한다. 또 다른 말로는 불가시적 교회와 가시적 교회라는 표현도 쓴다.
- 지상에 세워진 지역교회는 불완전하고 아직도 사탄과 싸우고 죄와도 더불어 싸우면서 복음을 전하고 있는 의미에서 전투적 교회라고 부른다. 그럼에도 불구하고 승리적 교회라는 것은 전체로서의 교회를 볼 때 이것은 이미 하나님의 계획 속에서 승리한 교회라는 것이다.
- 우리의 관심은 우주적 교회보다는 지역교회이다.
  우주적 교회의 이상을 실현하기 위해 하나님이 우리에게 맡겨 주신 지역교회가 우리의 중요한 관심사이다. 우리가 교회에서 상처를 받고 실망을 하면 자꾸만 무교회적 사고방식을 갖기가 쉽다. 그러나 그럼에도 불구하고 교회는 필요하다.
- 우리는 여전히 지역교회가 필요하다. 왜 필요한지 몇 가지로 정리해 보자.

③ 지역교회 중요성

- **성경에는 지역 교회가 우주적 교회라는 말보다 네 배나 더 언급되어 있다.**

- 그만큼 성경이 교회에 대해 쓸 때 실제적으로 중요한 관심은 지역교회에 대한 관심이다. 그만큼 지역교회는 중요한 것이다.

- **인격적 훈련의 장이다.**

- 예수를 닮아가는 훈련을 한다.
- 형제가 많은 집에서 자라다 보면 싸움을 많이 한다. 그러나 싸움을 하면서도 서로 조율을 한다. 이렇게 조율을 하면서 서로 배우고 자연스럽게 인격이 다듬어진다.

• 성도들이 자신의 삶과 인격이 성장하기 위해서 하나님은 우리를 지역교회의 한 지체가 되게 하셨다.
딤전 3:15 **"만일 내가 지체하면 너로 하여금 하나님의 집에서 어떻게 행하여야 할지를 알게 하려 함이니 이 집은 살아 계신 하나님의 교회요 진리의 기둥과 터니라"** '디모데전서' 전체가 목회서신이다. 교회를 어떻게 섬겨야 할 것인지를 말해 주고 있다. 교회 안에서 어떻게 행동해야 할 것인가를 알려 주고 있다. 이것은 비단 교회 안에서 우리가 어떤 태도로 행동하느냐를 위해 일차적으로 쓰여진 것은 사실이다.
• 그러나 교회 자체가 어떻게 행하고 살아야 할 것인가를 가르친다.
그것을 이론으로만 가르치는 것이 아니라 성도들이 함께 부딪히고 교제하면서 어떻게 살고 행해야 할 것을 배우게 된다고 강조하고 있다. 다시 말하면 교회라는 것이 인격적 성숙을 일으키는 삶의 자리라는 사실이다.

• 성도들의 신앙 성숙의 요람이다.

• 인격적으로 훈련될 뿐만 아니라 우리의 믿음을 성숙케 할 수 있다.
• 그 목적을 위해 하나님이 교회를 주셨다.
특별히 이 부분을 가르치기 위해 쓰여진 것이 엡 4장이다. 한 장 전체가 바로 이 한 가지 교훈을 가르치기 위해 쓰여졌다. 대표로 13절을 읽어 보자.
"우리가 다 하나님의 아들을 믿는 것과 아는 일에 하나가 되어 온전한 사람을 이루어 그리스도의 장성한 분량이 충만한 데까지 이르리니"
• 아기, 아이, 청년, 아비 → 신앙 성숙의 과정이다.
• 지역 교회의 경험이 없다면 그러한 성숙의 과정을 밟아갈 수 없다.

• 선교와 구제의 공동체이다.

• 제자들의 공동체를 향해 마지막으로 말씀하신 지상명령 "너희들은 땅 끝까지 가서 모든 족속으로 제자를 삼으라."
바로 이 선교를 수행하기 위해서 교회라는 공동체가 필요한 것이다.
• 요 13:34, 35 지상명령을 성취하기 위한 중요한 명령이 서로 사랑하는 것이다.
교회는 선교 공동체인 동시에 사랑을 실천하는 공동체이다.
• 선교와 사랑의 실천을 위해 필수불가결한 것이 교회이다.
• 선교는 전도의 명령, 구제는 사랑의 명령이다. 위대한 사명과 위대한 계명이다.
• 함께 선교하고 같이 이웃을 보듬어 안고 베풀라고 교회라는 공동체를 주셨다.

- 지상에서의 하나님의 사역의 유일한 중심기관이다.

- 초대 교부들이 자주 고백했던 내용 중의 하나는 "교회는 그리스도의 성육신의 연장이다."
  예수께서 이 땅에 계실 때 자신의 몸으로 하나님의 일을 하셨다. 입술을 열어 복음을 전하시고 손을 내밀어 병자를 고치시고 슬픈 자들을 위로하셨다.
- 예수님이 부활하시고 승천하신 이후에 그리스도는 여전히 그의 몸을 남기셨다. 그의 몸이 무엇인가? 교회이다. 주님이 원하시는 그 일을 할 때이다. 주님처럼 복음을 전하고, 주님처럼 사랑을 실천할 때 주님의 사역을 계속 수행할 수 있는 것이다.
- 그 하나님의 사역의 수행을 위한 유일한 기관이 바로 교회이다.
  엡 1:23에 보면 "교회는 만물을 충만케 하시는 그리스도의 몸"이라고 한다. 쉽게 말하면 이 역사 안에 하나님의 뜻을 이루는 유일한 공동체가 교회라는 말이다.
- 하나님의 입장에서는 교회보다 더 중요한 기관이 없다. 왜? 하나님의 뜻을 이루는 유일한 기관이기 때문이다.

2. 지역교회의 자율성

영혼의 개인적 자율성을 지닌 우리가 모여 이룬 지역교회도 자율적 존재이다.

또한 그리스도의 몸인 교회들은 머리되신 주님 앞에서 서로 동등하다.

1) 지역교회의 회중정치의 이상과 실현을 위한 노력

- 이것은 침례교회가 매우 강조했던 교리 중의 하나이다.
  이것은 이미 우리가 강조했던 영혼의 자율성과 관계가 있다.

2) 초대교회의 자율성의 모본(행 15:1–11)

사도행전 15:1–11

[1]어떤 사람들이 유대로부터 내려와서 형제들을 가르치되 너희가 모세
의 법대로 할례를 받지 아니하면 능히 구원을 받지 못하리라 하니 [2]바
울 및 바나바와 그들 사이에 적지 아니한 다툼과 변론이 일어난지라
형제들이 이 문제에 대하여 바울과 바나바와 및 그 중의 몇 사람을 예
루살렘에 있는 사도와 장로들에게 보내기로 작정하니라 [3]그들이 교회
의 전송을 받고 베니게와 사마리아로 다니며 이방인들이 주께 돌아온
일을 말하여 형제들을 다 크게 기쁘게 하더라 [4]예루살렘에 이르러 교
회와 사도와 장로들에게 영접을 받고 하나님이 자기들과 함께 계셔 행
하신 모든 일을 말하매 [5]바리새파 중에 어떤 믿는 사람들이 일어나 말
하되 이방인에게 할례를 행하고 모세의 율법을 지키라 명하는 것이 마
땅하다 하니라 [6]사도와 장로들이 이 일을 의논하러 모여 [7]많은 변론이
있은 후에 베드로가 일어나 말하되 형제들아 너희도 알거니와 하나님
이 이방인들로 내 입에서 복음의 말씀을 들어 믿게 하시려고 오래 전
부터 너희 가운데서 나를 택하시고 [8]또 마음을 아시는 하나님이 우리
에게와 같이 그들에게도 성령을 주어 증언하시고 [9]믿음으로 그들의 마
음을 깨끗이 하사 그들이나 우리나 차별하지 아니하셨느니라 [10]그런데
지금 너희가 어찌하여 하나님을 시험하여 우리 조상과 우리도 능히 메
지 못하던 멍에를 제자들의 목에 두려느냐 [11]그러나 우리는 그들이 우
리와 동일하게 주 예수의 은혜로 구원 받는 줄을 믿노라 하니라

* 위 본문에 나타난 모교회 예루살렘 교회와 그 후에 세워진 교회들과의 관계를 생각해 보자.

- 대표적인 예로 예루살렘과 안디옥 교회의 관계를 보면 알 수 있다.
  모교회는 어느 교회인가? 예루살렘. 안디옥 교회는 나중에 생긴 교회지만 바울과 바나바를 선교사로 파송할 때 예루살렘교회와 의논한 흔적이 없다. 지시를 받거나 허가를 받은 적이 없다.
- 행 13장에 보면 바울과 바나바를 파송하는 배경에서 누가 말씀하시는가? 성령. 따라서 한 교회의 자율성은 존중되어야 한다.
- 행 13장의 케이스와는 조금 다르지만 행 15장이 아주 재미있다.
  예루살렘으로부터 어떤 교인들이 안디옥 교회에 내려와서 이미 구원을 받은 자들에게 **"너희가 모세의 법대로 할례를 받지 아니하면 능히 구원을 받지 못하리라"**(1절)라고 지적했다. 이 할례논쟁의 문제를 해결하기 위해 몇 사람을 예루살렘 교회에 보냈다.
- 예루살렘 교회의 판결을 받기 위함이었겠는가?
  예루살렘교회로부터 내려와서 이것을 가르쳤기 때문에 가서 의논한 것이다. 예루살렘 교회에 회의가 소집되었다.
- 그 회의는 그 당시 사람들의 분위기를 알게 해 준다.
  상당히 자유롭게 자기 의견을 제시했고 상당히 정중하게 진행되었다.
- 결정이 되니 은혜롭게 순복하고 있다. 25절 **"너희에게 보내기를 만장일치로 결정하였노라"**
  충분한 토론 과정을 거쳐서 일치점에 도달했다. 그리고 그 결정 사항을 받아 주기를 바란다고 정중하게 요청하고 있다. 그것은 예루살렘 교회에서 일방적으로 한 것이 아니라 안디옥교회에서 바울과 바나바를 보내서 질문을 했고 그것에 대한 대답을 얻어 가지고 오는 것이다.
- 28절 **"성령과 우리는 이 요긴한 것들 외에는 아무 짐도 너희에게 지우지 아니하는 것이 옳은 줄 알았노니"**
- 31절 **"읽고 그 위로한 말을 기뻐하더라"**
- 한 교회의 자율성이 충분히 보장되면서도 중요한 문제에 대한 질문 사항이 있으면 다른 교회 사람들에게도 자문을 구해서 교회를 운영해 나가는 시스템을 볼 수 있다.
- 개척했다고 해서 마음대로 명령하지 않는다. 개척했다고 해서 우리의 명령을 일방적으로 받는 것은 아니다.
- 우리 교회의 머리가 예수님이라면 작은 교회의 머리도 예수님이시다.

똑같이 성령님께서 역사하신다.

- 자율성을 바탕으로 하나님의 사역을 위해 협동해야 하고, 자율성에 근거해서 협동적인 사역을 할 수 있어야 함

3. 자율성과 협동 사역(Cooperative Mission)

초대교회의 협력의 모본(롬 15:25-29)

로마서 15:25-29

[25]그러나 이제는 내가 성도를 섬기는 일로 예루살렘에 가노니 [26]이는
마게도냐와 아가야 사람들이 예루살렘 성도 중 가난한 자들을 위하여
기쁘게 얼마를 연보하였음이라 [27]저희가 기뻐서 하였거니와 또한 저희
는 그들에게 빚진 자니 만일 이방인들이 그들의 영적인 것을 나눠 가
졌으면 육적인 것으로 그들을 섬기는 것이 마땅하니라 [28]그러므로 내
가 이 일을 마치고 이 열매를 그들에게 확증한 후에 너희에게 들렀다
가 서바나로 가리라 [29]내가 너희에게 나아갈 때에 그리스도의 충만한
복을 가지고 갈 줄을 아노라

- 미국의 남침례교회는 자발적으로 협력해서 세계선교를 해 나가고 있다. 이것이 침례교의 장점이다. 최근에 미 남침례교회는 교단명을 '남침례교회' 대신 **'위대한 사명 침례교회'**(Great Commission Baptist)라고 사용할 수 있다고 결정하였다.

– 자세한 내용은 마지막 장에서 자세히 살펴 볼 것이다.

Ⅱ. 국가와 교회의 분리

- 이것을 흔히 정교분리라고 일컫는데 정교분리라는 개념은 엄격하게 말하면 정확한 것은 아니다.
  본래 Separation of Church and State라는 단어를 쓰는데 이것은 정치와의 분리가 아니라 교회와 국가의 분리를 의미한다.
- 이 고백에서 가장 핵심은 종교의 자유(Religious liberty)이다.
  이것은 교회와 국가의 분리를 인정할 때만 종교의 자유가 인정되기 때문이다.
- 침례교인들이 세계 역사에 그리고 국가에 기여한 가장 커다란 긍정적 기여가 하나가 있다면 종교의 자유를 진작시킨 것이다.

미국 헌법과 한국의 헌법 그리고 대부분의 민주주의 국가의 법에는 종교와 국가의 분리를 규정하고 있다. 이것은 본래 성경에 나타난 그리스도인의 세계관의 한 영역에서 증언되고 있는 진리이다. 이는 또한 17세기 초엽 미합중국 창설 당시 탁월한 침례교 지도자였던 로저 윌리암스(Roger Williams)가 로드 아일랜드(Rhode Islands)주의 헌법에 반영되도록 주장한 결과였으며 이것이 마침내 후일 미국 헌법과 많은 서구 민주주의 국가들의 기초가 된 것이다. 그러면 성경을 믿는 복음적 그리스도인들의 국가관은 어떠해야만 하겠는가? 교회와 정치의 분리의 신학적, 성서적 근거는 무엇이며 그 실제적 의미는 무엇인가?

(1) 로저 윌리엄스(Roger Williams, 1603-1683)

- 1630년에 영국으로부터 미국에 왔다. 처음에 매사추세츠주를 중심으로 활동을 했다. 지금 보스톤이 있는 지역이다.
- 당시 영국에 국교가 성공회였는데 영국 국교회의 신앙의 양식에 대해서 동의할 수 없는 부분들이 많았다. 성공회는 자신들과 함께 하지 않는 자들을

비국교도들이라고 했다. 비국교들은 국가 교회에 소속되지 않았기 때문에 잔인한 탄압을 받았다.

- 그래서 마음대로 자기 신앙의 표현을 할 수 있는 자유를 찾아서 미국 대륙으로 온 것이다. 로저 윌리엄스가 와서 보니 영국과 같은 현상이 미국 안에도 시작되고 있는 현상을 보게 되었다. 완전히 국교로 결정은 안했지만 그쪽으로 가고 있었다.
- 이런 현상들을 보면서 윌리엄스가 국교화 되는 현상에 대해서 분노하게 되었고 "국가는 교회에 재정적 원조를 할 필요가 없다. 동시에 국가는 교회를 결코 통제하려고 해서도 안 된다"는 주장을 했다. 이런 주장으로 1663년에 매사추세츠에서 쫓겨나서 그 옆으로 가서 로드 아일랜드 주를 창설했다.
- 영국에서부터 침례교도는 아니었지만 자기가 주장했던 종교적 자유에 대한 이상이 침례교회의 주장과 제일 가까웠기 때문에 침례교인이 되고 로드 아일랜드 주의 제일 침례교회를 창설하는데 적극적으로 기여를 했다.

(2) 아이작 바쿠스(Isack Backus, 1724-1806)

- 이 사람은 전도자였다. 이 사람이 설교하면서 종교의 자유를 말했고 국가와 종교의 분리를 역설했다.
- 필라델피아주의 헌법을 만드는 일에 참여하면서 종교의 자유와 국가와 종교의 분리의 원칙을 강력하게 주장하여 1791년에 필라델피아주의 헌법에 이 규정이 들어가게 되었다. 1833년에는 드디어 매사추세츠 주도 국가교회라는 개념을 포기하게 되었다.

(3) 존 리렌드(John Leland, 1753-1841)

- 본래 뉴잉글랜드 출신인데 버지니아를 중심으로 활동하면서 정교분리의 원칙을 강력하게 연설하고 강의하고 다녔다. 이 사람의 영향을 받은 유명한 지도자가 두 명이 있었다. 한 사람은 '토마스 제퍼슨'이고 또 한 사람은 '제임스 메디슨'이다.
- 제임스 메디슨은 미국의 헌법을 기초한 사람이다. "의회는 종교를 설립하기 위한 법을 만들거나 혹은 종교를 제한하는 어떤 법도 만들 수 없다." "우리의 국가는 종교의 자유를 무엇보다 인간의 기본적인 양심의 권리로 규정한다"는 선언을 집어넣었다.
- 실제로 침례교회가 이 세계 역사 속에 기여한 가장 큰 기여 중의 하나가 교회와 국가의 분리와 종교의 자유라는 원칙을 강조한 것이다.
- 이것이 왜 그렇게 중요한가는 두 가지 극단을 생각해 보면 쉽게 알 수 있다.

1. 두 가지 극단

1) 국가 지상주의(국가가 교회를 지배해야 한다)

- 나라 없이는 아무것도 없다. 그렇기 때문에 교회도 국가에 종속되어야 한다.
- 대표적인 것이 어떤 경우인가? 북한
  교회를 만들어 놓기는 했다. 봉수교회, 칠골교회도 있고 천주교회도 있다. 그러나 철저하게 국가의 통제를 받는 곳이다. 엄격히 말하면 그 교회는 어용교회이다.
- 히틀러의 나치시대에 독일교회가 그랬다.
  이것은 주로 그 사회의 국가체제가 국수주의이거나 사회주의이거나 전제주의 국가의 형태를 가질 때 종종 이런 현상이 일어난다.
- 이렇게 되면 교회가 제대로 교회다워질 수가 있는가?
  전혀 그럴 수 없다. 그들이 우리도 종교의 자유가 있다고 하나 형식적이고 실제적으로는 종교의 자유가 없다. 그러나 이런 체제 하에서는 지하교회가 반드시 생겨나게 되어 있다. 이런 교회들은 국가가 인정하는 교회와의 사이에 갈등이 빚어지게 된다. 이것은 피할 수 없는 현상이다.

2) 교회 지상주의(교회가 국가를 다스려야 한다)

- 또 다른 극단은 교회 지상주의이다. 이것은 교회가 국가를 다스리는 것이다. 그럴 때가 있었는가? 언제?
  중세기에 많이 볼 수 있었다. 로마 카톨릭 교회의 힘이 융성했을 때 교회가 나라보다 위에 있었다. 교황이 국가를 다스렸다. 중세기 때 카톨릭 교황이 나라의 왕들을 임명했다. 교황에게 잘못 보이면 그 날로 목숨이 날아갔다.
- 이럴 때는 무엇이 제대로 안 되는가?
  나라가 엉망이 된다. 교황이 무슨 국가를 경영 하겠는가? 교회도 지극히 국가화 되고 강력한 사회적 국가적 절대 권력이 교황에게 있게 된다. 그럼 이 두 가지 극단을 피하려면 방법은 하나 밖에 없다. 교회와 국가가 분리되는 수밖에 없다.

2. 하나님의 소명의 이원성(二元性)

* 루터의 두 왕국설

• 국가와 교회가 분리되는 원칙을 신학적으로 주장하는 데 있어서 가장 커다란 기여를 한 사람은 마르틴 루터이다.

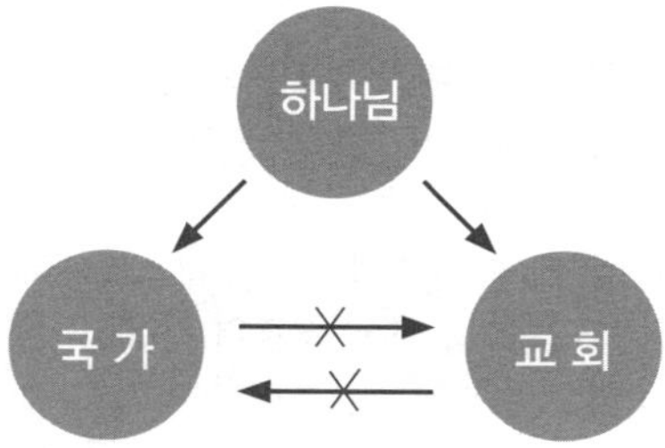

* 하나님은 국가의 지도자를 세우시되 국가를 통하여 교회의 지도자를 세우시지 않는다.

* 하나님은 교회의 지도자를 세우시되 교회를 통하여 국가의 지도자를 세우시지 않는다.

• 하나님은 국가의 지도자들 세우시고 동시에 교회의 지도자들 세우신다.
• 이 그림에서 중요한 두 원칙이 있다. 하나님이 국가 지도자를 세우시고 교회 지도자를 세우시지만
  ① "하나님이 국가의 지도자를 통해서 교회의 지도자를 세우시지는 않으신다."
  ② 또 하나 중요한 원칙은 "하나님이 교회의 지도자를 통해서 국가의 지도자를 세우시는 것이 아니다."
• 하나님이 국가의 지도자를 통해서 교회의 지도자를 세우신다고 생각해 보자. 그럼 우리는 다 어디만 바라보겠는가? 우리 교회의 목사를 대통령이 파송해야 한다. 잘 될까요? 안 될까요? 또 다른 교회의 안수집사(장로)와 같은 지도자를 통해서 국가의 지도자를 세우신다. 그럼 잘 되겠는가? 이렇게 할 때 비극이 종종 일어났다. 그러므로 교회와 국가는 기능상의 분리가 절대

적으로 있어야 한다.

- 루터의 두 왕국설이 절대적으로 옳은가?
  그렇지 않다는 국가 철학자들, 사회 철학자들의 신랄한 토론들이 굉장히 많다. 이것에 대해 비판한 논문도 굉장히 많다.
- 하지만 분명한 것은 교회와 국가가 분리될 수밖에 없다는 것이다.
  ① 우선 국가는 법질서를 다루고, 사회의 안녕, 통치를 다룬다. 이것은 외적인 것을 다루는 것이다. 국가라는 것은 성격상 일시적인 것이다.
  ② 교회 일시적 삶의 문제를 다루는 것이 아니라 영원한 운명을 다룬다. 그리고 인간의 내적인 문제, 양심의 문제, 영혼의 구원의 문제, 양육의 문제를 다룬다.
- 기능적으로 보면 교회와 국가가 분명히 분리되어 있다.
  교회는 자발적이고 영적인 기관이고, 국가는 법적이고 세속적인 기관이다.
- 기능적으로 분리가 안 된다면 혼란이 생기게 된다. 서로 참견하면 엉망이 되어 버린다.

3. 국가의 제한된 성질

1) 국가는 신으로부터 제한된 권리를 위임받았다.

- 롬 13장 4절에 보면 **"그가 공연히 칼(권위)을 가지지 아니 하였으니"**
  힘이 공연히 주어진 것이 아니라 분명히 하나님으로부터 주어진 것이다. 그러나 제한된 것이다.
- 롬 13장 1절 이하를 연구해 보면 하나님이 왜 권세를 주셨다는 것이 나온다. 3절을 보면 **"다스리는 자들은 선한 일에 대하여 두려움이 되지 않고 악한 일에 대하여 되나니 네가 권세를 두려워하지 아니하려느냐 선을 행하라 그리하면 그에게 칭찬을 받으리라"** 4절 **"그는 하나님의 사역자가 되어"** 재미있는 것은 국가 지도자도 하나님의 사역자라고 했다. 우리는 하나님의 사역자라고 하면 주의 종들을 가리킨다. 왜냐하면 그들을 부리시고 쓰셔서 역사 속에 하나님의 뜻을 이루고 있기 때문이다. 하나님에 의해 쓰임 받고 있기 때문이다.
- 국가의 지도자에게 힘이 주어진 이유? 악을 징벌하고 선을 도모하도록 하기 위함이다.
  국민의 공익을 증진하고 보호하기 위해서 주어졌다. 그런 면에서 제한적이라는 것이다. 무제한의 권리를 아무 일에나 아무 목적에 쓰는 것이 아니라 선을 증진시키고 악한 것을 통제하기 위해서 하나님이 그 권세를 주신 것이다.

2) 국가는 제한된 범주 안에서만 권리를 사용해야 한다.

- 중요한 것은 국가의 지도자에 주어진 권세는 제한된 것이다.
- 국가는 그 이상으로 무제한으로 사용하려고 하면 잘못된 것이다.
- 공의를 실현시키고 국민의 복리를 증진시키고 악을 징벌하는 범위 안에서만 권리를 사용해야 한다.

3) 국가가 개인, 가정과 교회를 위해 존재하는 것이지 국가를 위해 개인, 가정과 교회가 존재하는 것이 아니다.

- 우리가 국가를 위해서 존재하는 것이 아니라 국가가 우리 가정을 위해, 교회를 위해, 사회를 위해 존재하는 것이다.
- 왜? 보호하기 위해 존재하는 것이다. 탄압하기 위해 존재하는 것이 아니다.
- "국가 없이 개인과 가정이 무엇이 있겠느냐?"고 주장하는 것은 자칫 잘못하면 국가를 위해 모든 것을 희생할 수 있을 것 같은 국가의 권리가 무제한 남용되는 출구를 여는 사고방식을 낳게 된다.
- 창조사역의 절정에서 가정이 태어났고, 속죄사역의 절정에서 교회가 태어났다.
- 국가 지상주의에 물들면 안 된다.

4. "국교의 악"과 민족 복음화의 참된 의미

- 국가와 교회의 관계를 이해할 때 이해해야 할 매우 중요한 것이 있다.
  국교의 악만 강조하면 안 되고 동시에 민족 복음화를 강조해야 한다.
- 왜 국교가 악한 것인가?

1) 신약 성서는 국교제도의 가능성을 시사하지 않는다.

- 과거 신앙 선배들은 국교 제도를 찬양한 적이 없다.
- 비 성경적, 비 침례교적이다.
- 그 이유는 다음 세 가지이다.

① 국교는 신앙의 자유를 억압할 수 있다.

- 청교도들이 무신론자들에 의해 탄압을 받은 것이 아니라 믿는 자들에게 탄

압을 받았다.

- 이것을 볼 때 국교는 신앙의 자유를 억압할 수 있는 가능성이 많다.
- "이 나라가 기독교 국가가 되게 하시고"라고 기도하는 건 옳지 않으나 "민족을 복음화 되게 하시고"라는 기도는 해야 한다.
- 순수한 신앙을 가진 사람의 자유가 억압된다.

② 국교는 신앙표현의 다양성을 위축시킨다.

- 우리가 같은 예수를 믿고 같은 성령님을 체험하고 하지만 자기 기질에 따라 신앙을 표현하고 싶어 하는 양상은 조금씩 다를 수 있는가? 없는가? 있다.
- 자유가 전혀 허용되지 않았을 때 그것은 다양성을 위축시키는 것이다.
- 국교가 하나로 고정되면 숨 막히는 것이다. 신앙의 모든 다양성이 다 없어지고 만다.
- 성도들은 막연히 우리나라가 기독교가 국교가 되면 얼마나 좋을까라고 생각한다.
  그것은 언뜻 들으면 그럴듯하다. 그래서 그것을 열심히 주장하는 자도 있다. 저는 그것에 동의하지 않는다.
  ① 성경적이 아니기 때문이고
  ② 역사적으로도 사실이 아니기 때문이다.
- 국교는 악이다. 이제 한국의 국교가 기독교가 되게 해달라는 기도하지 말라. 그런 기도는 역사의식이 없는 기도이고 성경을 제대로 모르는 기도이다.

③ 국교는 국가의 악이나 종교의 악을 쉽게 표출할 수 있다.

- 틀림없이 우리나라의 국교가 기독교가 되면 교회 지도자들이 국가에 밀착하게 된다.
- 밀착하게 되면 어떻게 될까?
  종교지도자로서 파워가 있으니 "누구를 썼으면 좋겠습니다"라고 영향을 미치다 보면 어떻게 될까? 종교도 부패시키고 나라도 부패시키게 된다. 아주 바람직한 것이 아니다.
- 국교가 되려고 할 필요는 없다. 그러나 민족복음화는 해야 한다.

2) 민족은 복음화되어야 한다.

① 민족복음화는 민족 구성원 모두에게 복음을 들을 수 있는 기회가 제공되어야 하는 것을 뜻한다.

- 민족을 복음화 했다는 것은 다 믿게 한다는 것은 아니다.
  그럴 수도 없고 그런 일은 일어나지도 않는다.
- 억지로 믿게 해서 제도상으로 선포는 할 수는 있지만 마음속으로는 하나도 변화되지 않는다.
- 콘스탄틴이 기독교를 국교로 공인하는 그 순간이 교회의 승리이면서 교회의 타락이 시작되었다. 왜냐하면 다 그리스도인이라면서 속이 하나도 변하지 않았기 때문이다.
- 아무것도 모르는 사람들이 기독교인이라고 생각하니 내적 변화를 중시하지 않고, 모든 권한이 교직자에게 주어지고 평신도는 병신도가 되어 버렸다. 그것이 중세기의 부패의 원인이다.
- 그래서 민족복음화는 되어야 한다.

② 참된 전도는 개인적 응답의 자유가 보장(허용)된 상황에서만 진실한 증거를 전달할 수가 있음을 의미한다.

- 내가 믿을 수도 있고 안 믿을 수도 있는데 믿었다. 그래야 자유에 의한 선택이고 진정한 결심이 된다.
  인격적으로 전도해야 되고, 자신의 신앙의 간증을 가지고 전도해야 한다. 그래야 진정한 전도가 된다.
- 무조건 다 나오도록 한다고 해서 전도가 되는 것이 아니다.
  개인의 자유가 보장된 속에서 전도가 되어야만 그것이 진실한 전도의 열매가 될 수 있다.
- 국가와 교회는 분리되어야 한다. 그러나 이러한 것이 가지는 여러 오해가 있다. 대표적인 문제 몇 가지가 있다.

5. 교회와 국가의 분리에 대한 오해와 난제

1) 유기체적 관련을 가진 현대 사회 안에서 국가와 종교의 분리가 어디까지 가능할 수 있는가?

- 서로 밀착되어 있는데 어디까지 분리가 가능한가?
  저도 여기에 대해서는 확실한 대답을 드릴 수가 없다. 그러나 제가 믿는 것은 그래도 기능적 분리는 존중되어야 한다는 것이다.
- 이것이 국가와 종교의 분리를 주장한 사람들의 뜻이었고 성경이 기본적으로 깔고 있는 전제이다.

2) 교회와 국가의 분리의 원칙은 그리스도인들의 정치 사회적 책임을 나태하게 하지는 않는가?

- 이것은 국가가 어떻게 되든지 무관심 하라는 뜻은 아니다.
  그럼에도 불구하고 그렇게 오해될 가능성은 있다.
- 국가와 교회의 분리이지 정치와 교회의 분리가 아니다.
  제도적 분리이고 기능적 분리이다.

3) 교회와 국가의 분리의 원칙은 독재국가나 반대로 무정부주의적 사회에로의 가능성을 지원할 수 있지 않은가?

- 이것은 교회와 국가가 분리되지 않았을 때 그 악을 경험하게 되면 그렇게 될 가능성이 있다.
- 무정부 사회를 경험하다 보면 든든한 국가체제가 있는 것을 소원하게 되고, 독재체제에서 살다보면 그런 것 다 없는 체제에서 살았으면 하게 된다.

6. 그리스도인의 국가에 대한 바른 성서적 태도(롬 13:1–3)

1) 국가와 국가에 위임된 권세를 인정해야 한다.

로마서 13:1-3
1각 사람은 위에 있는 권세들에게 복종하라 권세는 하나님으로부터 나
지 않음이 없나니 모든 권세는 다 하나님께서 정하신 바라 2그러므로
권세를 거스르는 자는 하나님의 명을 거스름이니 거스르는 자들은 심
판을 자취하리라 3다스리는 자들은 선한 일에 대하여 두려움이 되지 않
고 악한 일에 대하여 되나니 네가 권세를 두려워하지 아니하려느냐 선
을 행하라 그리하면 그에게 칭찬을 받으리라

- 그리스도인은 기본적으로 국가를 인정해야 한다.
  국가의 지도자를 하나님께서 세우셨다는 것을 인정해야 한다.
- 하나님이 세우셨다면 기본적으로 존중해야 한다. 하나님이 한 나라의 지도자를 세울 때는 시키실 일이 있어서 그런 것이니 협력해야 한다.

2) 그리스도인은 국가의 좋은 국민과 시민이 되어야 한다.

- 롬 13:7에 보면 세금 문제가 나온다. **"모든 자에게 줄 것을 주되 조세를 받을 자에게 조세를 바치고 관세 받을 자에게 관세를 바치고 두려워할 자를 두려워하며 존경할 자를 존경하라"**
- 이것은 국가에 대한 매우 적극적인 자세를 강조한다.
  국가의 지도자를 존중하고 국가가 잘 되도록 세금을 열심히 바치는 이것이 국가를 섬기는 태도 중의 하나이다.

3) 그리스도인은 국가 지도자를 존경하고 순복하며 협력해야 한다.

- 국가의 권위를 인정하고 좋은 시민이 되고 보다 더 적극적으로 지도자를 존경하고 순종하면서 열심히 협력해야 한다.
- 벧전 2:13-14 **"인간의 모든 제도를 주를 위하여 순종하되 혹은 위에 있는 왕이나 혹은 그가 악행 하는 자를 징벌하고 선행하는 자를 포상하기 위하여 보낸 총독에게 하라"**

4) 그리스도인은 국가 지도자를 위해 기도해야 한다.

- 딤전 2:1-2 **"그러므로 내가 첫째로 권하노니 모든 사람을 위하여 간구와 기도와 도고와 감사를 하되 임금들과 높은 지위에 있는 모든 사람을 위하여 하라 이는 우리가 모든 경건과 단정함으로 고요하고 평안한 생활을 하려 함이라"**
- 최고 통치자와 그 아래서 일하는 자들을 위해 기도해야 한다. 대통령, 시장, 구청장, 동장, 경찰관들을 위해 기도해야 한다.
- 그들이 잘 해야 치안이 유지되고 우리의 삶이 보호될 수 있다.

5) 그리스도인은 특히 납세의 의무를 다해야 한다.

- 성경이 많이 강조하는 것이 납세의 의무이다.
- 예수님도 강조하셨다. **"가이사의 것은 가이사에게 하나님의 것은 하나님에게"** 하시면서 베드로에게 세금을 바치도록 했다. 그래야 한 국가가 유지될 수 있다.

6) 그리스도인은 불의한 국가 권력행사에 대하여 시민 불복종의 권리(rights of civil disobedience)와 예언적 책임을 행사할 수 있다.(권력자가 명백하게 선의 도구가 아닌 악의 도구가 될 경우에 한정한다.)

(1) 시민 불복종의 권리
- 이것은 굉장히 중요하고 까다로운 문제이다.
- 롬 13:1 **"각 사람은 위에 있는 권세들에게 복종하라 권세는 하나님으로부터 나지 않음이 없나니 모든 권세는 다 하나님께서 정하신 바라"**
- 이것은 맹목적인 복종을 의미하는 것이 아니다.
  3절 **"다스리는 자들은 선한 일에 대하여 두려움이 되지 않고 악한 일에 대하여 되나니 네가 권세를 두려워하지 아니하려느냐 선을 행하라 그리하면 그**

에게 칭찬을 받으리라 그는 하나님이 사역자가 되어 선을 이루는 자니라"

- 선을 이루도록 하나님이 지도자를 세우셨다.

  "그러나 네가 악을 행하거든 두려워하라 그가 공연히 칼을 가지지 아니하였으니 곧 하나님의 사역자가 되어 악을 행하는 자에게 진노하심을 위하여 보응하는 자니라"(4b)
- 문제는 어디서 나는가?

  선을 행하고 악을 징벌해야 할 국가 권력이 악을 행하고 선한 자를 핍박할 때는 어떻게 해야 하는가 하는 것이 문제이다.
- 그러므로 이 구절이 절대로 맹목적인 복종을 가르치는 것이 아니라 중요한 전제가 있다. 무엇인가?

  ① 그들이 선을 행하기 때문.

  ② 국민의 복리를 위하고 보호하기 때문에 복종하고 존경하고 협력해야 한다.
- 그러나 그렇게 할 그들이 오히려 악을 행할 때는 어떻게 하느냐?

  그럴 때 우리는 더 높은 권세이신 하나님의 권세에 복종해야 한다.
- 침례교인들은 하나님의 정의가 실현되도록 그들이 요구하는 어떤 특정 사안(그들 존재 자체를 부인하지 말고)이나 문제에 대하여는 저항할 수 있는 권리가 있다고 믿어 왔다.
- 그렇게 믿고 행동하는 권리를 가리켜 시민 불복종의 원리라고 한다. 이것도 기독교에서 생긴 것이다.
- 그러나 이 때도 중요한 것은 국가의 제도 자체가 다 필요 없는 것처럼 아주 극단적이고 부정적인 입장을 취해서는 안 된다.

  ① 정부라는 제도는 아직도 인정해야 한다.

  ② 그러나 어떤 사안에 대해서는 분명한 거절을 할 수가 있다.
- 거절하는 과정에 있어서 투쟁을 어디까지 할 수가 있는가 하는 것이 문제이다.

  ① 우선 법이 허용하는 테두리 안에서는 얼마든지 의사 표현을 할 수 있다.

  ② 합법적인 노조활동도 가능하다.

  ③ 특별히 건전한 사회 시민운동이나 개혁운동이나 환경운동에 크리스천들이 열심히 참여해야 한다.
- 그 악한 지도자가 계속 국민을 괴롭힐 때 결국 끌어낼 수밖에 없지 않은가?
- 이 문제에 관해서 행동으로 보여준 신학자가 나치 독일과 투쟁한 본회퍼이다. 나중에는 히틀러를 죽이는 음모에 가담했다. 그래서 죽었다. 그 분의 죽음이 진정한 의미에서 순교냐 아니냐가 지금도 논쟁이 되고 있다. 그분은 이런 얘기를 했다. "미친 사람이 핸들을 잡고 사람을 치고 다니는데 그냥 보

고만 있으란 말인가? 그 때 나는 올라가서 그 사람을 끌어내야 마땅하지 않는가?"

- 어디까지 극단적 행동이 가능할 수가 있는가?
  안심하고 말씀드릴 수 있는 것은 합법적 법의 테두리 안에서 그리고 건정한 시민운동, 개혁운동까지는 열심히 해야 한다고는 말할 수 있다.

(2) 예언적 책임

- 구약에 보면 그 사회가 잘못되었을 때에 예언자들이 어떤 역할을 하는가? 지도자들을 향해 꾸짖는 소리를 했는가? 안 했는가? 신랄하게 했다.
- 누가 보아도 분명한 국가의 악에 대해서는 그것을 확실하게 꾸짖는 예언적인 메시지를 할 수 있는 것이다.
- 그러나 예언자들이 쿠데타를 한 모본은 없다.
  "당신 잘못했습니다. 그렇게 하시면 안 됩니다" 까지는 할 수 있다. 합법적으로 그가 물러설 수 있도록 할 수는 있다고 생각한다.

7) 그리스도인은 민족 복음화의 책임을 다해야 한다.

- 우리나라의 국교가 기독교가 될 필요는 없다. 그러나 우리는 이 민족 모두에게 복음을 전해야 한다.
- 민족 복음화가 사회를 변화시키는 좋은 수단이 될 수 있다. 보다 많은 사람이 크리스천이 되면 세 가지 일이 일어날 수 있다.
  ① 도덕적 갱신을 가져온다.
  ② 사회적 변화를 가져온다.
  민족복음화만으로 사회 개혁이 되는 것은 아니지만 민족복음화가 사회개혁에 이바지 할 수 있는 것은 사실이다.
  ③ 국가번영에 축복을 가져온다. 복음이 전파된 곳에 사회가 번영 안 된 곳이 없다. 그러니 국가번영을 가져 올 수 있다.
- 그러니 무엇보다도 우리 민족과 국가를 생각할 때 크리스천들의 가장 중요한 책임은 무엇인가?
  민족복음화이다. 또 세계를 향해서는? 세계복음화의 책임.
- 마틴 로이드 존스의 지적
  "교회의 예언적 외침은 꼭 필요하지만 복음의 외침보다 그 목소리가 더 커서는 안 된다." "심지어 크리스천들이 공산주의의 공격을 너무나 지나치게 전문적으로 하는데 열심을 내지 말아야 한다. 왜냐하면 우리는 공산주의자들에도 복음을 전해야 하기 때문이다." 이것은 매우 중요한 지적을 한다.

결론

"교회와 국가는 둘 다 하나님으로 말미암아 제정되었으며 하나님께 책임을 지게 된다. 이들은 각기 다른 특징을 갖고 있다. 따라서 각기 하나님께서 부여한 목적을 가지고 있으면서도 어느 것도 상대방의 권리를 침해할 수가 없다. 교회와 국가는 서로 분리되어 있지만 동시에 함께 하나님 아래 있으므로 상호 적절한 관계를 유지해야 한다."

(침례교인의 이상 Ⅳ 교회, 교회와 국가의 관계 중에서)

〈 암송 요절 〉

또 내가 네게 이르노니 너는 베드로라 내가 이 반석 위에 내 교회를 세우리니 음부의 권세가 이기지 못하리라(마태복음 16:18)

A SERIES OF **TRAINING** BOOK

제 7 장

우리는
"선교의 우선순위"와
"협동선교의 중요성"을
믿습니다

제 7 장

우리는 "선교의 우선순위"와 "협동선교의 중요성"을 믿습니다

- 침례교 역사를 보면 일침(일반침례교도)과 특침(특수침례교도)이 나온다. 침례교회 안에서 언제나 두 가지 흐름이 있었다.
  ① 일침은 인간의 책임과 자유의지를 더 강조하는 알미니안 운동이고,
  ② 특침은 하나님의 주권과 하나님의 선택을 강조하는 칼빈주의 운동이다. 침례교 안에 이 두 가지가 다 있어 왔다.
- 침례교회에 가장 중요한 영향을 미쳐왔던 자들은 대부분 특침이라는 흐름에서 나온다.
- 그럼에도 불구하고 침례교회는 언제나 칼빈주의와 알미니안주의의 극단을 피하고 중도의 노선을 걸어오려고 노력했다.

침례교회는 처음부터 선교적이었다. 특수 침례교회(Particular Baptist)는 이미 1792년에 외국 선교협회를 조직하여 현대 선교운동의 아버지라고 불리는 윌리암 케리(William Carey)를 1793년에 최초의 선교사로 인도에 파송하였고, 일반 침례교회(General Baptist)에서도 1816년에 외국 선교협회를 조직하였다. 1845년에 시작된 미국 남침례교회 총회는 처음부터 선교

를 위한 협동체로서 출발하였다. 이 역사적 총회에서 채택된 헌장에 의하면 "구세주의 왕국의 목적과 관련된 국내외 선교를 증진시킴이 이 총회의 의도"(Constitution Article Ⅱ, SBC Annual, 1845)라고 밝히고 있다. 침례교인들은 "선교하는 백성들"(Missionary people)이며, 침례교회는 "선교하는 교회"(Missionary church)이다.

Ⅰ. 선교

선교(Mission)라는 낱말의 뜻은 "보낸다"는 의미이다.

- 선교라는 말 안에 '구제', '사회복지'라는 단어도 들어간다.
- 사도라는 단어도 본래 "보내심을 받은 사람"이라는 뜻이다. 선교사와 사도는 단어의 어원이 같다.

일반적으로 선교와 전도라는 단어는 혼용되고 있으나 선교는 예수 그리스도께서 교회에 부여하신 모든 성서적 임무를 총칭하는 개념이다. 복음전도는 선교의 우선 순위적 임무이다.

1. 성서적 근거(요 17:18, 20:21)

요한복음 17:18 (부활 전)

아버지께서 나를 세상에 보내신 것 같이 나도 그들을 세상에 보내었고

요한복음 20:21 (부활 후)

예수께서 또 이르시되 너희에게 평강이 있을지어다 아버지께서 나를 보내신 것 같이 나도 너희를 보내노라

- 요 17:18과 요 20:21은 같은 말씀이다.
  ① 하나는 예수님이 십자가 지기 직전에
  ② 또 하나는 예수님이 부활하신 후에 주신 말씀으로 내용이 똑같다.
- 최초의 선교사는 누구인가?
  예수님. 왜냐하면 하나님 아버지로부터 보내심을 받아 이 땅에 오셨기 때문이다.
- 어떤 일을 하셨는가?

복음서에 보면 예수님이 행하신 사역을 표현하는 중요한 동사 세 가지가 나온다. ① 가르치시고 ② 전파하시고 ③ 치료하셨다. 이 모든 것이 선교의 내용에 다 포함된다.

- 선교의 우선순위 = 복음전도
  주님이 행하신 일 가운데 가장 중요한 일은 역시 잃어버린 영혼을 구원하는 일이다. 그래서 우리는 그것을 선교의 우선순위적인 사역이라고 한다. 전도가 선교의 모든 일은 아니지만 선교에서 가장 중요한 일이다.
- 따라서 선교에서 가장 중요하게 강조되어야 할 일이 역시 복음전도이다.

2. 선교의 2대 영역

1) 복음전도(Evangelism)(눅 19:10 외)

> 누가복음 19:10
>
> 인자의 온 것은 잃어버린 자를 찾아 구원하려 함이니

- 예수님이 오신 목적은 고아원을 세우려 하심이 아니다. 물론 고아와 과부를 돌보고 어려운 사람을 돌보는 것은 주님이 너무 너무 기뻐하시는 일임에 틀림없다.
- 그러나 주님이 이 땅에 오셔서 행하신 일 중에 가장 중요한 일은 어떤 일인가?
  잃어버린 영혼을 찾아 구원하시는 일이었다.

> 마태복음 28:19-20 (그리스도의 지상명령)
>
> 19그러므로 너희는 가서 모든 민족을 제자로 삼아 아버지와 아들과 성
> 령의 이름으로 침례를 베풀고 20내가 너희에게 분부한 모든 것을 가르
> 쳐 지키게 하라 볼지어다 내가 세상 끝날까지 너희와 항상 함께 있으
> 리라 하시니라

- 예수 믿지 않는 사람들을 예수 그리스도를 믿어 그리스도를 따르는 사람이 되게 하는 것이 마지막 명령이다.
- 제자라는 가장 단순한 정의는 "그리스도를 따르는 사람"이다. 침례를 주는 것은 그들이 그리스도인이 되었다는 분명한 신앙고백을 하게 하라는 것이다. 거기서 끝나지 말고 한 걸음 더 나아가서 분부한 모든 것을 가르쳐 지키게 하라는 것이다. 교육사역도 선교사역이다. 사회봉사도 선교사역이다. 이런 것을 뒷받침하는 교회의 모든 활동이 선교적 활동이다.
- 그러나 그 중에 힘써 강조할 것이 있다면 잃어버린 영혼을 찾아서 거듭나게 하는 것이다. 이것이 우선순위가 되어야 한다.
- 전도해서 잃어버린 영혼을 구원해서 그리스도의 제자가 되게 하는 그 일을 못한다면 그 선교는 우선순위를 상실한 것이다.
  ∴ 우선순위에 대한 강조가 매우 중요하다.

> 사도행전 1:8
>
> 오직 성령이 너희에게 임하시면 너희가 권능을 받고 예루살렘과 온 유대와 사마리아와 땅 끝까지 이르러 내 증인이 되리라 하시니라

- 예수 그리스도가 누구신가? 라는 사실을 증거하라. 이것이 선교의 우선순위이다.
  성령이 그것을 위해 오셨다면 그보다 더 중요한 것이 어디 있겠는가? 성령 충만함을 입은 사람들이 그리스도를 증거하는 일이 중요하다.

2) 섬김의 사역(Social Action)(막 10:45 외)

> 마가복음 10:45
>
> 인자가 온 것은 섬김을 받으려 함이 아니라 도리어 섬기려 하고 자기 목숨을 많은 사람의 대속물로 주려 함이니라

- 예수님이 오신 사명은 "도리어 섬기기 위해 오셨다." 십자가를 섬김으로 설명하고 있다. 우리를 섬기시기 위해 목숨까지 주셨다.

- 물론 모든 그리스도인들의 섬김의 행동이 궁극적으로는 영혼의 구원과 연관이 있어야 한다.
- 사회봉사 자체가 전도를 대신하는 것은 아니다.
  그러나 그것은 전도가 용이하고 가능하고 능력 있게 하는 상황을 창출할 수 있다.
- 사회봉사를 할 때 조심해야 할 것이 있다.
  전도하기 위해서만 하면 친절을 베풀면 안 된다. 그것은 무의식중에 사람들을 이용하는 결과들을 가져올 수도 있다. 사랑의 행동은 그 자체로써 의미가 있고 소중한 것이고 하나님이 기뻐하시는 것이다.

마태복음 22:36-39

36선생님 율법 중에서 어느 계명이 크니이까 37예수께서 이르시되 네
마음을 다하고 목숨을 다하고 뜻을 다하여 주 너의 하나님을 사랑하라
하셨으니 38이것이 크고 첫째 되는 계명이요 39둘째도 그와 같으니 네
이웃을 네 자신 같이 사랑하라 하셨으니

- 가장 큰 계명은 마음을 다 하고, 목숨을 다 하고 힘을 다하여 주 너의 하나님을 사랑하라.
- 그 다음에 중요한 것은?
  "네 이웃을 네 몸과 같이 사랑하라" 하나님을 사랑해야 하는 수직적 계명이 가장 큰 계명이라면 그 다음으로 중요한 것은 이웃을 향한 사랑의 실천이다. 이것은 선교의 중요한 한 측면이다.

갈라디아서 2:10

다만 우리에게 가난한 자들을 기억하도록 부탁하였으니 이것은 나도 본래부터 힘써 행하여 왔노라

- 7절부터 보자. 바울은 주로 이방인에게 전도하겠다고 하고 베드로는 유대인에게 전도하는 일을 주로 하겠다고 말하고 있다.
- 서로 열심히 하자고 말하다가 "한 가지 더 기억할 것이 있는데 가난한 자들

을 돌아보는 것입니다."

"이것은 나도 본래부터 힘써 행하여 왔노라"

- 이것은 초대교회에서 가난한 자들을 돌보는 것이 얼마나 중요하게 실천되었는가를 보여 주고 있다.

3. 선교의 우선순위(롬 9:1-3, 10:1)

로마서 9:1-3

[1]내가 그리스도 안에서 참말을 하고 거짓말을 아니하노라 나에게 큰 근
심이 있는 것과 [2]마음에 그치지 않는 고통이 있는 것을 내 양심이 성령
안에서 나와 더불어 증언하노니 [3]나의 형제 곧 골육의 친척을 위하여 내
자신이 저주를 받아 그리스도에게서 끊어질지라도 원하는 바로라

- 바울이 가난한 자를 돌보는 일에도 신경을 쓰고 있었지만 마음에 고통이 될 정도로 부담되는 일이 형제 골육의 친척의 구원이었다.

로마서 10:1

형제들아 내 마음에 원하는 바와 하나님께 구하는 바는 이스라엘을 위함이니 곧 그들로 구원을 받게 함이라

- 곧 저희로 구원을 얻는 것이 바울이 가장 큰 관심이었다. 따라서 침례교회가 가장 큰 관심을 가져야 할 것은 영혼 구원이다. 끊임없이 강조해야 하는 일이 복음을 전하는 일이다.

Ⅱ. 협동선교

선교는 그리스도인 개인에게 명령된 것일 뿐 아니라, 그리스도인 공동체인 "너희와 우리" 그리고 교회에게 명령된 것이다. 개인의 자원과 역량은 제한된 것이며, 세계선교와 세계복음화의 과제를 위해서는 협동은 절대적인 필요다. 협동(Cooperation)의 정신이나 개념은 결코 침례교 고유의 것은 아니나, 침례교의 상품(Trademark)처럼 인식되어 왔다. 미남침례교 총회와 기독교한국침례회 총회는 "협동하는 침례교인들의 총회"(Convention of Cooperative Baptists)의 정신을 지켜오고 있다.

- 침례교회가 교회 관에서 강조하는 것이 개교회주의, 즉 지역교회의 자율성이다. 지역교회의 자율성은 인정하면서도 하나님의 선교를 위해서는 모든 교회들이 자율적으로 협력해야 한다는 것을 절대적으로 중요하게 강조했다.
- 선교는 항상 나 혼자하기에는 제한되어 있기 때문에 힘을 합쳐야 한다. 우리 교회만 힘을 합치면 부족하니 다른 교회, 교단의 힘을 합쳐야 한다.
- 한 교회만으로 할 수 없어서 총회가 세워졌다. 총회는 그런 걸해야 한다.
- 연결, 결합 - 중요한 단어, 협력의 모습, 함께 사역함
- 침례교인들은 협동에 의해서 하나님의 일을 추진하고자 하는 것을 너무 귀하게 여겼다. 이것을 어떻게 배웠냐 하면 선교를 하다 보니 자연스럽게 그 일을 배우게 되었고 강조하게 되었던 것이다. 그러나 한국 침례교회는 이것이 잘 안된다. 우리교회라도 침례교회의 고유한 협동의 정신을 배우기를 바란다.

1. 성서적 근거(고전 3:9, 엡 4:4 외)

> 고린도전서 3:9
>
> 우리는 하나님의 동역자들이요 너희는 하나님의 밭이요 하나님의 집이니라

• 우리는 다 하나님의 동역자들이다.

에베소서 4:4-5, 16

4몸이 하나요 성령도 한 분이시니 이와 같이 너희가 부르심의 소망 안
에서 부르심을 받았느니라 5주도 한 분이시요 믿음도 하나요 침례도
하나요

16그에게서 온 몸이 각 마디를 통하여 도움을 받음으로 연결되고 결합되어 각 지체의 분량대로 역사하여 그 몸을 자라게 하며 사랑 안에서 스스로 세우느니라

- 마치 몸의 마디마디가 상합하여 연락함으로 존재하듯이 교회도 그렇게 세워간다.
- 우리가 함께 하지 않으면 자신의 인격이 만들어져 갈 수도 없고 또 하나님의 일을 함께 수행하는 보람을 느낄 수가 없다.
- 우리는 반드시 함께 하는 것을 배워야 한다.
  협력하는 것을 배워야 한다. 힘들어도 사람들과 더불어 일하고 하나님의 일을 수행하는 태도를 한 평생 배워가야 한다.
- 지역교회의 중요성
  인격적 훈련의 장, 성도들의 신앙 성숙의 요람.

2. 협동선교의 자세

1) 자원적(Voluntary)이어야 한다.

- 누가 강요하거나 법이 요구해서가 아니라 자발적으로 협력할 때 그것이 빛나게 된다.

2) 개인주의의 극복(Overcoming Individualism)을 증거하는 모습이어야 한다.

- 협력하는 것이 바로 개인주의, 시대의 이기주의를 극복하게 한다.
  사람들은 이기주의를 비판한다. 그러나 비판하는 자기 자신이 공동체 속에 들어가려고 하지는 않는다.
- 공동체 훈련이 없이는 이기주의는 깨지지 않는다.
  그것이 하나님이 우리를 만들어가는 방법이다.

3) 상호신뢰와 신임(Mutual Trust and Confidence)의 토대위에 이루어져야 한다.

- 상호신뢰하고 신임하는 것을 배워야 한다.
  우리가 사람들과 함께 하다 보면 더러는 속기도 하고 배신을 당하기도 한다.
- 하나님이 그들을 믿어 주셨다면 우리도 그들을 믿어 주어야 한다.
- 생각이 달라도 서로 믿어주고 신뢰해야 한다. 그 때에 하나님의 나라가 세워진다.

4) 하나님의 비전을 이루고자 하는 목적적(Purposeful) 헌신이어야 한다.

- 중요한 것은 우리는 목적적이 되어야 한다.
  큰 목적을 바라보아야 한다. → 그래야 협력이 된다.
- 조그만 것을 바라보고 이해관계를 따지게 되면 갈등이 생기게 되지만 큰 목적(비전)을 바라보면 마음을 합하게 된다.
  세계선교라는 큰 목적, 우리교회의 전진과 성숙이라는 큰 비전을 바라 볼 때 우리는 거기서 하나가 될 수 있다.

3. 협동 선교의 중요성

"협동선교 프로그램에 의해 나는 갈 수 없는 곳에 갈 수 있고 할 수 없는 일을 할 수 있다." – N. F. 그리어(N. F. Greer)

• 협력하면 못할 일이 없다.

※ 윌리엄 캐리(인도), 아도니람 저드슨(미얀마/카렌족)은 현대 세계선교의 문을 연 자랑스러운 침례교 선교사들이다.

"하나님은 두 개의 손을 우리에게 주셨는데, 하나는 받기 위한 손이며, 하나는 주는 손이다. 그리스도인은 물을 저장하기 위한 우물이 아니라 물을 흘려 보내기 위한 수로(Channels)와 같은 존재이다."

– 빌리 그레함(Billy Graham)

협동 선언문

"1925년 우리들 신앙의 선배들이 상호신뢰에 기초한 청지기적 임무 수행을 위하여 협동 선교 프로그램을 창안하고 이 프로그램에 대한 헌신의 결과로써 침례교단은 일치와 선교, 사역에 있어서 하나님의 은혜를 힘입어 크게 번영할 수 있었다. 이에 우리는 협동선교 프로그램이야말로 그리스도의 주권 아래 미래의 비전을 나타내는 우리 교단의 일치된 특성임을 확인하며 협동선교로 그리스도안에 있는 책임 있는 우리의 공동 생명을 표현하기 위하여 기도와 믿음과 희생을 바치기로 결심한다."

– 미국 남침례교 총회 협동선교 50주년을 기념하여 –

• 이런 정신으로 미국의 남침례교회나 전 세계에 흩어진 침례교회들이 선교의 사명을 수행할 수 있었다.

복습문제

우리 교회는 무엇을 믿는가를 다른 사람에게 이야기해 줄 수 있도록 외우십시오. 또는 BAPTIST란 단어의 글자를 이용해서 설명해도 좋습니다.

부록

Great Commandment(위대한 계명)

Great Commission(위대한 사명, 지상명령)

간단한 침례교회사

부록 1

Great Commandment (위대한 계명)

마태복음 22:36-40

36선생님 율법 중에서 어느 계명이 크니이까 37예수께서 이르시되 네 마음을 다
하고 목숨을 다하고 뜻을 다하여 주 너의 하나님을 사랑하라 하셨으니 38이것
이 크고 첫째 되는 계명이요 39둘째도 그와 같으니 네 이웃을 네 자신 같이 사
랑하라 하셨으니 40이 두 계명이 온 율법과 선지자의 강령이니라

마가복음 12:29-32

29예수께서 대답하시되 첫째는 이것이니 이스라엘아 들으라 주 곧 우리 하나님은
유일한 주시라 30네 마음을 다하고 목숨을 다하고 뜻을 다하고 힘을 다하여 주 너
의 하나님을 사랑하라 하신 것이요 31둘째는 이것이니 네 이웃을 네 자신과 같이 사
랑하라 하신 것이라 이보다 더 큰 계명이 없느니라 32서기관이 이르되 선생님이여
옳소이다 하나님은 한 분이시요 그 외에 다른 이가 없다 하신 말씀이 참이니이다

누가복음 10:27

27대답하여 이르되 네 마음을 다하며 목숨을 다하며 힘을 다하며 뜻을 다하여 주
너의 하나님을 사랑하고 또한 네 이웃을 네 자신 같이 사랑하라 하였나이다

요한복음 13:34-35

34새 계명을 너희에게 주노니 서로 사랑하라 내가 너희를 사랑한 것 같이 너희
도 서로 사랑하라 35너희가 서로 사랑하면 이로써 모든 사람이 너희가 내 제자
인 줄 알리라

부록 2

Great Commission (위대한 사명, 지상명령)

마태복음 28:18-20

[18]예수께서 나아와 말씀하여 이르시되 하늘과 땅의 모든 권세를 내게 주셨으니
[19]그러므로 너희는 가서 모든 민족을 제자로 삼아 아버지와 아들과 성령의 이
름으로 침례를 베풀고 [20]내가 너희에게 분부한 모든 것을 가르쳐 지키게 하라
볼지어다 내가 세상 끝날까지 너희와 항상 함께 있으리라 하시니라

마가복음 16:15

[15]또 이르시되 너희는 온 천하에 다니며 만민에게 복음을 전파하라

누가복음 24:46-49

[46]또 이르시되 이같이 그리스도가 고난을 받고 제삼일에 죽은 자 가운데서 살
아날 것과 [47]또 그의 이름으로 죄 사함을 받게 하는 회개가 예루살렘에서 시작
하여 모든 족속에게 전파될 것이 기록되었으니 [48]너희는 이 모든 일의 증인이
라 [49]볼지어다 내가 내 아버지께서 약속하신 것을 너희에게 보내리니 너희는
위로부터 능력으로 입혀질 때까지 이 성에 머물라 하시니라

요한복음 20:21

[21]예수께서 또 이르시되 너희에게 평강이 있을지어다 아버지께서 나를 보내신
것 같이 나도 너희를 보내노라

사도행전 1:8

[8]오직 성령이 너희에게 임하시면 너희가 권능을 받고 예루살렘과 온 유대와 사
마리아와 땅 끝까지 이르러 내 증인이 되리라 하시니라

부록 3

간단한 침례 교회사 (Brief History of Baptist Church)

* **초대교회 이후** 특히 로마 제국에서 기독교가 국교화된 이후 기독교는 사실상 세속화되었다. 그러나 이때부터 국가나 혹은 국교의 박해를 받아가며 성서 중심의 신앙, 회중적 신앙, 침례의 중요성을 가르치던 "남은 자의 무리"는 종교개혁 때까지 여러 명칭으로 존속하여 왔다.

* **1606** – 영국 런던 케인스보로우에서 비국교도(청교도로서 분리주의자)였던 켐브리지 대학 출신 존 스마이드(John Smyth, 1570–1612)와 그의 교우들은 침례의 중요성과 신약성서적 교회관에 관심을 갖기 시작하였다. 1607년 신앙의 박해를 피해 암스텔담으로 이주하였고, 그들 중의 일부가 1620년 Mayflower 배를 타고 미국으로 가서 필그림 조상들이 되었다.

* **1612** – 화란의 재 침례교도들에게 영향을 받았으나 신앙적 주장과 치리에 있어서 독립적인 최초의 침례교회가 영국 런던(Spitalfield, London)에 세워지게 되었다.(이들은 일반침례교도 General Baptist 라고 불리어졌다.)

* **1638** – "신자의 침례"를 주장하는 칼빈주의적 신앙을 가진 무리들이 교회를 새롭게 조직하는데 이들을 특수침례교도(Particular Baptist)라고 부르게 되었다.

* **1639** – 미국으로 이주한 청교도 중 로저 윌리암스(Roger Williams, 1603–1683)가 침례를 받고 미국 로드아일랜드 주 프로비던스에 최초의 침례교회(Providence First Baptist Church)를 미국 땅에 세웠다.

*** 1644** – 영국 내에서 침례교도(Baptists)라는 명칭이 보편적으로 사용되기 시작하였다(이 명칭은 침례교도들 스스로 사용한 명칭이 아니라 침례의 습관 때문에 외부인들에 의해 주어진 명칭이었다). 그 때에는 이미 영국 내에 약 50개 정도의 침례교회가 조직되어 있었다.

*** 1677** – 이후 침례교인들의 신앙적 표준이 되어온 제2차 런던 신앙고백서(칼빈주의적 교리체계)가 특수 침례교도들(Particular Baptist)에 의해 채택되었다. 이 무렵 영국 침례교회는 유명한 찬송작가 아이작 왓츠(Issac Watts, 1674–1748), 문학가요 전도자인 존 번연(John Bunyan, 1628–1688), 설교가 맥크라렌(Alexander Maclaren, 1825–1910), 찰스 스펄젼(Charles Spurgen, 1834–1892)등을 배출하였다.

*** 1793** – 영국 특수 침례교도들은 선교 연합체를 결성하고 현대선교의 아버지인 윌리암 케리(William Carey, 1761–1834)를 파송하였다.

*** 1814** – 미국 필라델피아 제일 침례교회에서 미주 대륙의 33명의 침례교 지도자가 모여 미주 최초의 침례교회들의 연합체인 General Missionary Convention of the Baptist Denomination in th United States for Foreign Mission을 선교를 목적으로 결성하고 아도니람 저드슨(Adoniram Judson)을 선교사로 파송하였다.

*** 1845** - 죠지아주 Augusta에서 노예문제, 신학문제로 남·북이 분리되어 보수성서적인 신앙을 표방한 4,100여 교회가 남침례교회 교단을 시작하였다(미 남침례교회는 현재 미국 내에 침례받은 교인들로 구성된 미국 최대의 개신교파가 되었으며, 전세계적으로도 전세계에 가장 많은 선교사를 파송하고 있는 세계 최대의 개신교파가 되었다). 빌리 그래함(Billy Graham)목사는 남침례교가 배출한 기독교 사상 걸출의 복음전도자이다.

*** 미 남침례교 교단은** A.T 로버트슨(Robertson)을 위시한 여러 뛰어난 석학들과 W.A. 크리스웰(Criswell)같은 설교자를 배출하는 한편, 북침례교는 조직신학자 어거스트 스트롱(August Strong)과 사회복음주의 신학자 월터 라우쉔부쉬(Walter Rauschenbusch), 뛰어난 상황적 설교가 해리 에머슨 포스딕(Harry Emerson Fosdick) 지미카터(Jimmy Carter) 대통령 등을 배출하였다. 내쇼날 침례교 연맹(National Baptist Convention)에 속한 인권운동가 마르틴 루터킹(Martin Luther King Jr)도 침례교 목사였다.

*** 1889** – 카나다의 독립 선교사인 말콤 펜윅(Malcolm Fenwick, 1863–1935)이 선교사로 내한하였다.

*** 1893–1896** - 3년간 펜윅 선교사가 캐나다와 미국을 방문하며 특히 보스톤 클라렌돈 침례교회(Boston Clarendon Street Baptist Church) 담임목사 아도니람 저드슨 고든(Adoniram Judson Gordon)을 만나 침례교신앙의 복음적 특성에 감화를 받아 보스톤 선교사 훈련학교에서 훈련을 받고 침례교 목사 안수를 받은 후 다시 한국에 귀임하였다.

*** 1895** - 보스톤 클라렌돈 침례교회는 펜윅 선교사의 보고를 받고 엘라 씽(Ella thing) 기념선교회를 조직하여 에드워즈 폴링(Edward Pauling)부부와 다음해 스테드만 등을 한국 침례교 개척 선교사로 파송하였다. 이들은 강경과 공주를 중심으로 선교하였고(강경침례교회, 공주꿈의교회〈前 공주침례교회〉 개척) 서울과 강경을 오가던 지병석은 첫 침례교인이 되었다.

*** 1896** – 펜윅 선교사는 원산을 중심으로 침례교 교리에 입각한 복음주의적 신앙을 선교하기 시작하였다.

*** 1949** – 남침례교 동양총무인 코든(Baker J. Couthen)박사의 한국 방문으로 한국침례교(그 이전에는 '동아 기독교회'로 불리어짐)와 남침례교회가 제휴하게 되어 대한 기독교 침례회, 이어서 「한국 침례회 연맹」이라는 이름을 사용하게 되었다.

*** 1950** - 최초의 미 남침례교 선교사 존 애버내티(John Abernathy)부부가 내한하여 선교사역을 시작, 6.25동란 중인 한국에 많은 물질적 도움을 베풀었고 1954년 전쟁이 끝난 후 주한 미군 침례교인들은 전쟁참전 기념으로 서울 충무로에 서울 침례교회(Seoul Memorial Baptist Church)를 건립하였다.

*** 1950** - 강경침례교회에서 목회활동을 하던 이종덕 목사는 1950년 9월 28일 북으로 후퇴하던 인민군에게 체포되었으나 교인 김요한 집사를 도피시키고 금강변 갈대밭에서 인민군이 쏜 총에 맞아 순교자가 되었다.

*** 1976** – 1976년 11월 4일부터 「기독교 한국침례회」라는 명칭을 공식으로 사용하게 되었다.

● 각 교회의 역사사료(출석교회의 역사를 기록하십시오.)

○

○

○

○

○